Michelle HAINTZ

Hochsensibel das Leben meistern und Mutter Tochter / Mutter Sohn Beziehung heilen

Band 3: Als HSP leben und der Aufbau einer gesunden, nährenden und heilsamen Beziehung zur Mutter

Bibliographische Information der Deutschen Nationalbibliothek
Die Deutsche Nationalbibliothek verzeichnet diese Publikation in der deutschen Nationalbibliographie; detaillierte bibliographische Daten sind im Internet über http://dnb.d-nb.de abrufbar.

Umschlaggestaltung: © Angelina SCHULZE und Michelle HAINTZ

Umschlagbilder:
Katzen © Okssi – Fotolia.com – 184993132
Hintergrund © magdal3na – Fotolia.com – 136338798

Autor des Buches: © Michelle HAINTZ

Layout und Satz des Buches: Michelle HAINTZ

Verlag:

Angelina Schulze Verlag
Vor dem Walde 9
38268 Lengede

Schulze-Verlag@gmx.de

www.angelina-schulze.com

Druck und Verarbeitung: Angelina Schulze Druckerei, Deutschland

1. Auflage Februar 2018

ISBN: 978-3-943729-78-8

Inhaltsverzeichnis

Danksagung 5

Vorworte… 6

Mutter und Tochter / Sohn 8

Sind Sie ein alleingeborener Zwilling? 11

Die Mutter-Beziehung Alleingeborener 14

Eine glückliche Empfängnis 21

Eine glückliche Schwangerschaft 24

Eine glückliche Geburt 29

Eine glückliche frühe Kindheit 32

Eine glückliche Jugend 35

Meine Wunschgeschichte 37

„Dialog der Hände" 40

Seelen-Dialog mit meiner Mutter 43

Seelen-Dialog mit meinem jenseitigen Zwilling 45

Seelen-Dialog mit meinem inneren Kind 47

Seelen-Dialog mit meiner inneren Mutter 49

Seelen-Dialog mit meiner weisen Instanz 50

Seelen-Dialog mit meiner inneren Stimme 52

Seelen-Brief an mich selbst 54

Die Wahl meiner Mutter 55

Gemeinsamkeiten mit meiner Mutter 56

Hoffnungen und Ängste 58

Meine Mutter und ich 59

Wünsche an meine ideale Mutter 61

Dankbarkeit – Dankes-Ritual 62

Aussöhnung mit meiner Mutter 63

Meditative Zusammenfassung 65

Einsichts-Meditation 67

Geschenke aus dieser Beziehung 71

Assoziationen zu meiner Mutter 72

Energetische Abnabelung 74

In mein „Ja" gehen 80

Im „Ja zu mir" sein 81

Schuldgefühle 87

Selbstbefreiung mit „EFT" 90

Selbstbefreiung mit „The Work" 95

Das „Nein zu mir" transformieren 101

Ein offenes Gespräch 104

Verständnis finden mit „Ho´oponopono" 106

Masken und Rollenspiele 108

Es gibt immer zwei Möglichkeiten! 112

Nachwort 116

Kontakt zur Autorin 118

Weitere Produkte der Autorin: 119

Danksagung

Auch dieses Buch wäre ohne die Hilfe meines Engels
in Form meiner Tochter
nicht in dieser klaren Form und Fehlerarmut ☺ entstanden!

Ich danke dir aus ganzem Herzen
für all deine Anregungen und Empfehlungen,
für deine stets liebevollen und klugen Hinweise
und für all deine Hilfe in der digitalen Welt,
die mich ab und zu doch ziemlich überfordert!

Aber du hilfst mir auch in vielen anderen Belangen,
die hier aufzuzählen den Rahmen sprengen würde.
Danke dir für all das!

Danke dir aber vor allem dafür,
dass du dich bei mir inkarniert hast und
meine wunderbare Tochter geworden bist!

Dein Start ins Leben vor 35 Jahren
war ebenso anspruchsvoll und spannend
wie 32 Jahre zuvor mein eigener;
aber nun wissen wir den Grund dafür:
unser beider Anlage als alleingeborener Drilling.

Immerhin haben wir diese Herausforderung gemeistert;
dank unserer beglückenden Resonanz
und der besonders tiefen Liebe, die uns verbindet.
Danke dafür!

Danke an dieser Stelle auch meiner Mutter,
deren Seele sich offenbar bereit erklärt hat,
mir in dieser Inkarnation die Gelegenheit zu bieten,
trotz allem Aussöhnung zu finden.
Lange Zeit hätte ich das nicht ehrlich sagen können,
aber heute sage ich aus tiefstem Herzen
„Danke, Mutti!"

Danke auch hier wieder meiner Verlegerin Angelina,
die sich in manchen Momenten sehr mütterlich anfühlt,
und ohne deren Unterstützung nicht über 20 Bücher
das Licht der Welt erblickt hätten!

Vorworte...

Man sagt, wir könnten das am besten weitergeben, was wir selbst am dringendsten brauchen. Nun, das kann ich grundsätzlich für alles, was ich in meinen Seminaren und Büchern in die Welt hinaustrage, bestätigen; es gilt aber ganz besonders für dieses Buch.

Ursprünglich ist es als Ergänzung zu meinem Seminar „Heilung der Mutter-Wunde" entstanden, welches ich in den neunziger Jahren mehrmals gehalten habe. Mittlerweile ist eine Menge Zeit vergangen – wobei in diesem Zusammenhang das Sprichwort „die Zeit heilt alle Wunden" nicht unbedingt stimmen muss; was mir immer wieder auch von anderen bestätigt wird.

Aber in dieser Zeit sind mir wesentliche neue Erkenntnisse und Einsichten zugekommen, die meine Sichtweise auf dieses Thema erweitert und mir ein neues Verständnis geschenkt haben.

Dieses neue Wissen hat meine eigene Mutter-Beziehung in ein völlig neues Licht gestellt, sodass es mir nun endlich gelungen ist, mich noch zu ihrer Lebenszeit mit ihr auszusöhnen. Ja, was ich mir früher kaum vorstellen konnte, obwohl es nichts gibt, woran ich so hart gearbeitet habe wie an dieser Beziehung. Ja, ich habe mich wohltuend mit ihr ausgesöhnt und tatsächlich Frieden mit ihr gefunden, den ich sogar in ihrer Gegenwart empfinde.

Das war nicht immer so, denn die längste Zeit konnte ich diesen Frieden immer nur für eine Weile und nur in ihrer Abwesenheit aufrechterhalten. Kaum war ich direkt mit ihr konfrontiert, hat sie mit erstaunlicher Zielsicherheit meine Trigger ausgelöst und in den alten Wunden gebohrt – offenbar, weil das in meinem Seelenplan so vorgesehen war.

Nun bleibe ich nicht nur entspannt, wenn ich mit ihr telefoniere, sondern auch in ihrer Gegenwart – und bin ungemein dankbar dafür. Denn unter unserem Hass, unserer Enttäuschung, unseren Rachegefühlen und unserer Ablehnung leiden wir selbst ja am meisten.

Auf den Unterschied zwischen Vergebung und Versöhnung, der mir vor allem in dieser Beziehung sehr wichtig erscheint, werde ich übrigens auch noch näher eingehen.

Wie bereits in der Danksagung kurz erwähnt, war die Beziehung zwischen meiner Mutter und mir extrem kompliziert und belastend und hat mich phasenweise massiv überfordert. Vor allem wohl, weil ich als (seit meinen frühen Zwanzigern) sehr bewusst lebender und spirituell offener Mensch immer den Anspruch an mich hatte, all das zu vergeben; was besser in eine griechische Tragödie gepasst hätte, als ins 20. Und 21. Jahrhundert.

Aber kaum war es mir gelungen, meiner Mutter das bisher Geschehene nachzusehen, kam der nächste Angriff, die nächste Herausforderung und hat mich wieder in Groll, Hass und Verzweiflung katapultiert; für die ich mich dann auch noch selbst gehasst habe.

Einerseits konnte ich nicht verstehen, wie eine „liebende Mutter" ihrer Tochter „all das antun konnte". Andererseits wurde ich nicht damit fertig, dass ich machtlos war gegen meine Rückfälle in all die negativen Emotionen; die mich jahrelang fest im Griff hatten.

Vor allem die tiefe Enttäuschung war jedes Mal so schmerzhaft – dieses fassungslose „Warum macht sie so etwas?". Heute weiß ich, dass auch Enttäuschung ein Stress-Thema alleingeborener Zwillinge ist. Daher werde ich hier auch näher darauf eingehen.

Wenn Sie zu diesem Buch gegriffen haben, dann nehme ich an, dass auch Ihre Mutter-Beziehung nicht die reinste Wonne war (und vielleicht nach wie vor ist). Und ob Sie nun ähnliche Erfahrungen gemacht haben wie ich oder völlig andere, ist dabei Nebensache.

Worum es mir hier vor allem geht, ist, Ihnen zu helfen, die Mechanismen hinter besonders belasteten Mutter-Kind-Beziehungen zu erkennen, um sie dann auf eine neue, geheilte, harmonische und vertrauensvolle Ebene zu heben.

Und ich hoffe sehr, dass Sie meine Anregungen und Impulse aufnehmen und umsetzen können; gleichgültig, ob Ihre Mutter noch lebt oder nicht mehr. Für viele mag es sogar leichter sein, diesen Selbstheilungs-Prozess nach dem irdischen Abschied von der eigenen Mutter zu durchlaufen. Aber einigen unter Ihnen mag es vielleicht sogar noch zur Lebenszeit Ihrer Mutter gelingen – und das fühlt sich besonders befreiend an.

Mutter und Tochter / Sohn

Ich bin in der erfreulichen Lage, dieses Buch sowohl als Tochter als auch als Mutter einer Tochter schreiben zu können. Das heißt, ich kann die sehr spezielle Mutter-Tochter-Beziehung aus doppelter eigener Erfahrung und damit wohl besonders authentisch beschreiben.

Und ich kann und werde Ihnen in diesem Buch erprobte und als erfolgreich erkannte Lösungen anbieten, um Ihre eigene derartige Beziehung zu heilen und möglichst ideal zu gestalten.

Aber wie sieht es mit der Mutter-Sohn-Beziehung aus?
Kann ich auch dazu etwas einbringen?
Nun, ich denke schon…

Ich habe nämlich in einem sehr frühen Stadium der Schwangerschaft meine beiden Zwillingsbrüder (deren zweieiiger Drilling ich war) verloren; bin also das, was heute als „alleingeborener Drilling" bezeichnet wird. Ein Phänomen, das weit häufiger ist, als heute allgemein angenommen wird; und das nun mehr und mehr ins Licht der Aufmerksamkeit kommt. Es gibt – neben meinen eigenen, die Sie im Anhang finden – bereits einige Bücher zu diesem Thema und im letzten Herbst hat sogar ein ganzer Online-Kongress dazu stattgefunden.

Die Folge aus dieser Anlage ist, dass ich eine sehr männlich geprägte Frau bin, weil ich – die längste Zeit meines Lebens unbewusst – das Leben meiner beiden Brüder für diese mitgelebt habe.

Das heißt, ich habe zwar keine direkte Erfahrung mit einer Mutter-Sohn-Beziehung (in beiden Richtungen, weil ich nicht nur kein Sohn bin, sondern auch keinen Sohn habe), dennoch kann ich mich sehr wohl in diese hineinversetzen. Einerseits, weil ich besonders empathisch veranlagt bin, andererseits weil ich quasi meine beiden Brüder in mir trage.

Bei meiner Tochter ist das anders: sie hat einen Bruder und eine Schwester verloren, ist also lange nicht so männlich geprägt wie ich, sondern wirkt auch in ihrer Erscheinung als „echtes Mädchen" ☺; während ich immer wieder als „der Michl" bezeichnet wurde und zwar den einen oder anderen Rock im Kasten habe, diese aber kaum je trage.

Ich erwähne das hier, weil ich mir damit einerseits eine größere Authentizität in der Beschreibung der Mutter-Sohn-Beziehung zuschreibe als den meisten anderen Frauen, die weder wissen, wie man sich als Sohn fühlt und auch keinen eigenen Sohn haben.

Dennoch ersuche ich meine männlichen Leser um Verständnis, wenn ich ihre Gefühlslage nicht zu 100% beschreiben kann – aber ich tu, was ich kann ☺.

Andererseits ist es zwar richtig, dass ich keinen Sohn habe – zumindest keinen hier inkarnierten –, dennoch kann ich bis zu einem gewissen Grad auch die Beziehung einer Mutter zu ihrem Sohn nachvollziehen. Denn ich habe (abgesehen vom Drillings-Bruder meiner Tochter) Anfang Vierzig einen Sohn verloren, der Jahre später ein Buch durch mich geschrieben hat; im Rahmen dessen ich diese Beziehung zumindest bis zu einem gewissen Grad nachvollziehen konnte.

Dennoch mag es sein, dass die eine oder andere Sohn-Mutter, die dieses Buch liest, sich nicht voll und ganz in meiner Beschreibung wiederfindet – das tut mir leid.

Allerdings glaube ich, dass für die Heilungs-Ansätze und -Strategien, die ich Ihnen in diesem Buch anbiete, das Geschlecht gar nicht so wichtig ist. Und überlasse es Ihrer Phantasie, Ihre speziellen Gegebenheiten in meine Empfehlungen und Impulse einzuweben.

Am wichtigsten bei all dem scheint mir unsere Bereitschaft zu sein, zu verstehen, warum die Dinge so waren und sind, wie wir sie erlebt haben und immer noch erleben. Denn aus dem Verstehen kann jenes Verständnis resultieren, das meiner Erfahrung nach die Voraussetzung für Aussöhnung ist – und genau darum geht es mir.

Im Band 1 dieser Reihe habe ich bereits Salman Rushdie zitiert und möchte das auch hier noch einmal tun – allerdings bekommt dieser Gedanke hier eine völlig neue Bedeutung. Das scheint mir bei guten, wertvollen, geistöffnenden Aussprüchen generell der Fall zu sein:

„Wer nicht die Macht hat, die Geschichte, die sein Leben beherrscht, neu zu erzählen, neu zu denken, sie auseinander zu nehmen, über sie zu scherzen und sie je nach den wechselnden Zeiten zu verän-

dern, der ist buchstäblich machtlos, denn er ist keiner neuen Gedanken fähig!"

Mir ist genau das in Bezug auf meine Mutter möglich geworden, nachdem mir klar wurde, warum meine Beziehung zu ihr über zig Jahre so extrem anspruchsvoll, fordernd, komplex und kompliziert war – Sie merken schon, ich vermeide den Begriff „schwierig", weil er mir viel zu eindimensional erscheint.

Und wie bereits erwähnt, lebe ich heute in wohltuendem Frieden mit meiner Mutter – aber auch mit meiner Rolle als Mutter; die im Grunde ja nicht wirklich von meiner Tochter-Rolle zu trennen ist.

So habe ich mich, wann auch immer ich Probleme und Krisen mit meiner Mutter hatte, sofort auch in meiner eigenen Mutter-Rolle hinterfragt.

Wie geht es meiner Tochter wohl mit mir?
Bin ich ebenso herausfordernd für sie?
Vielleicht in einer anderen Art und Weise?
Was mache ich in ihren Augen „falsch"?
Was könnte ich „besser" machen?
Was könnte ich tun, um ihr das Leben zu erleichtern?
Um ihrem Leben mehr Entspannung zu bringen?
Mehr Leichtigkeit?
Was wünscht sie sich anders von mir?
Womit ist sie nicht zufrieden?
Was stört sie?
Womit belaste ich sie?
Womit überfordere ich sie?

Haben auch Sie sich schon diese Fragen gestellt, wenn Sie dieses Buch nicht nur in der Rolle der Tochter oder des Sohnes lesen; sondern auch als Mutter eines Kindes oder mehrerer?

Ich wünsche mir (und Ihnen) jedenfalls, dass dieses Buch Ihnen hilft, die Beziehung zu Ihrer Mutter (und vielleicht auch zu Ihrem Kind oder Ihren Kindern) in einem neuen Licht zu sehen – und damit zu heilen und Frieden zu finden!

Sind Sie ein alleingeborener Zwilling?

Wie ist dieses Buch in Ihre Hände geraten?
Haben Sie es sich selbst gekauft?
Weil Ihre Beziehung zu Ihrer Mutter nicht gerade einfach ist?
Oder hat eine wohlmeinende Person es Ihnen geschenkt?
Vielleicht weil diese Ihre komplizierte Mutter-Beziehung erkannt hat?
Was genau hat sie angesprochen?
Der Titel?
Ein bestimmter Begriff im Titel?
Das Titelbild?
*Oder hat dieses Buch Sie angesprochen, weil Sie selbst Mutter sind
und Ihre Probleme mit Ihrem „Kind" besser verstehen wollen?*

(Für mich bleiben die Menschen, die sich durch uns inkarniert haben,
unsere „Kinder", auch wenn sie längst erwachsen sind. Daher fühle
ich mich auch im nicht mehr ganz zarten Alter ☺ als „Kind" meiner
Mutter.)

Was erwarten Sie sich von diesem Buch?

Ich denke, wir bekommen erst dann, was wir uns wünschen, erhoffen, erwarten, wenn wir wissen, was wir uns wünschen, erhoffen und
erwarten. Daher scheint mir diese Klärung wesentlich zu sein, ehe
Sie weiterlesen – einfach, weil ich mir von Herzen wünsche, dass
Sie mit dem, was ich Ihnen hier zu geben habe, zufrieden sind. Dann
kann ich es auch sein ☺.

Da dieses Buch sich vorwiegend an hochsensible und hochsensitive
Menschen richtet, nehme ich an, dass Ihnen diese Anlage bereits
bewusst ist. Aber wissen Sie auch schon von Ihrer Alleingeburt? Ist
Ihnen bereits klar, dass Sie ein alleingeborener Zwilling (oder Drilling) sind, wie ich vermute?

Wenn ja – und wenn Sie vielleicht schon mein Buch „Alleingeborener
Zwilling" gelesen haben, dann überspringen Sie dieses Kapitel; es
sei denn, Sie würden sich Wiederholung und neuerliche Bestätigung
wünschen!

Wenn Ihnen dieses Thema jedoch neu ist, dann empfehle ich Ihnen,
fürs Erste den HSP-Test auf meiner Webseite www.hsp-test.info zu
machen. Er wird Ihnen zeigen, ob auch Sie – wie ich im Zusammen-

hang mit unserem Thema annehme – mit dieser speziellen Anlage zur Welt gekommen sind.

Darüber hinaus empfehle ich Ihnen, in der umfangreichen Indizienliste unter www.alleingeborener-zwilling.com zu schmökern. Denn wenn Sie sich mit vielen der mit einem Stern markierten Punkte im HSP-Test identifizieren können, scheint mir diese Anlage tatsächlich für Sie relevant zu sein; und dann mag es Ihnen auch wohltun, sich in den Indizien wiederzufinden und sich Bestätigung zu holen, dass Sie so, wie Sie sind, durchaus in Ordnung sind!

Dann werden Sie die Spannungen, die Sie – vielleicht trotz aller Bemühungen um Harmonie – immer wieder mit Ihrer Mutter haben, gleich um vieles besser verstehen; und erst dann werden Sie Verständnis gewinnen und sich für Aussöhnung öffnen können.

Meiner Erfahrung nach ist eine komplizierte Mutter-Beziehung sehr häufig ein Indiz für den Verlust eines Zwillings (oder mehrerer Mehrlinge). Daher gehe ich davon aus, dass Sie, wenn Sie dieses Buch lesen, von diesem Phänomen betroffen sind und sich einerseits eine plausible Erklärung wünschen, andererseits Wege suchen, Ihre belastete Mutter-Beziehung zu harmonisieren.

Und genau das werden Sie hier auch finden – sodass Sie, wenn Sie zumindest einen Großteil meiner Empfehlungen umsetzen, in absehbarer Zeit Frieden finden mit Ihrer Mutter; und zwar egal, ob diese noch lebt oder bereits über die Regenbogenbrücke gegangen ist.

Von einem „alleingeborenen Zwilling" (oder Drilling) sprechen wir, wenn es ursprünglich zwei Embryonen gegeben hat, allerdings nur einer davon zur Welt gekommen ist, weil der andere (oder mehrere Mehrlinge) verloren gegangen ist (sind). Dafür gibt es mehrere (medizinische und andere) Gründe, die Sie bei Interesse in meinem gleichnamigen Buch nachlesen können.

Die Folgen für das Leben des allein zur Welt kommenden Kindes sind enorm – und meist destruktiv – und betreffen praktisch alle Lebensbereiche. Sie sind vor allem auf das mangelnde Selbstwertgefühl zurückzuführen, das sich sowohl beruflich als auch privat in allen Lebensbereichen auswirkt und es den Betroffenen kaum möglich macht, ihr enormes Potenzial zu entfalten.

Einerseits setzen sie sich mit ihrem Perfektionismus massiv unter Druck und stellen enorm hohe Anforderungen an sich selbst; andererseits sabotieren sie ihr Gedeihen und ihre Erfolge. Sie können weit besser geben als nehmen und leiden meist unter dem „Sprachfehler, nicht `nein´ sagen zu können". Sie sind sehr empathisch, liebevoll und fürsorglich; und nehmen sich selbst stets zurück – was bis zur Co-Abhängigkeit führen kann. Bei all dem fühlen sie sich einsam, nicht zugehörig und unverstanden und leiden unter unerklärlichen Schuldgefühlen und nicht selten unter Depressionen.

Das ist nur ein kleiner Ausschnitt aus der Beschreibung eines alleingeborenen Zwillings oder Drillings. Wenn Sie sich (vielleicht noch) nicht damit identifizieren können, dann lassen Sie dieses Thema einfach ruhen. Sie werden dennoch von all dem, was ich Ihnen hier wie auf einem großen Buffet zusammengestellt habe, profitieren können.

Und wer weiß, vielleicht kommt eines Tages auch bei Ihnen der Zeitpunkt, an dem Sie bereit sind, sich diesem Thema zu öffnen. Ich selbst musste über 60 werden, ehe ich empfänglich war für diese Offenbarung; die ich heute jedoch keineswegs missen möchte.

Vielleicht denken Sie am Ende dieses Buches schon anders…

Die Mutter-Beziehung Alleingeborener

Da unser Selbstwertgefühl als alleingeborene HSP leider nicht besonders ausgeprägt ist, ist es ungemein wichtig, uns zuerst einmal klar zu werden, dass wir so, wie wir sind, in Ordnung sind. Auch und vor allem dann, wenn unsere Mutter uns immer schon (oder immer wieder) ein anderes Gefühl vermittelt hat.

Aber wir können unsere destruktive Selbsteinschätzung erst dann nachhaltig heilen, wenn uns die Ursache für das eigenartige Verhalten dieses Menschen, der uns doch eigentlich am nächsten stehen müsste, klar wird. Erst dann können wir die volle Verantwortung für uns selbst übernehmen und uns in Eigenfürsorge all das geben, was unsere Mutter uns nicht geben konnte. Und das ist eminent wichtig für diesen Selbstheilungs-Prozess.

Wenn Ihre Mutter Ihnen zu wenig Wertschätzung gegeben hat, dann nicht, weil sie schlecht oder böse war (zumindest in den meisten Fällen), sondern weil sie nicht mehr geben konnte als sie hatte. Und erst wenn Sie die Wurzel dieses Mankos erkannt haben, können Sie ihr diesen Mangel nachsehen und sich selbst all das geben, was Sie so dringend gebraucht hätten. Erst wenn Ihnen die Hintergründe klar geworden sind, wird Ihre Selbst-Adoption funktionieren – ich finde dazu den englischen Ausdruck „Re-Mothering" sehr schön und kaum adäquat zu übersetzen.

Aus meiner Sicht sind alleingeborene HSP nicht besser oder schlechter als normalsensible Einlinge; und unsere Gesellschaft braucht beide Pole. Nur meine ich, dass wir wissen sollten, wer wir sind – und eine problematische Mutter-Beziehung kann ein wertvoller Hinweis auf diese Anlage sein, wenn wir sie hinterfragen.

Nun, warum ist die Beziehung zwischen einer Mutter und ihrem alleingeborenen Kind so belastet?

Um das nachzuvollziehen, versetzen Sie sich bitte in eine werdende Mutter hinein – und das können Sie auch als Mann in Ihrer Vorstellung tun! –, die unbewusst genau spürt, ob sie nur ein Kind erwartet oder mehrere. Die meisten Mütter sind sich dessen zwar nicht bewusst, aber tief in ihrem Inneren ist da ein Gewahrsein – einfach, weil Mutter und Kind(er) seelisch stark verbunden sind. Immerhin trägt sie dieses werdende Leben „unter ihrem Herzen", wie man so schön sagt. Das heißt, diese Menschwerdung passiert tief in ihrem Inneren – eine nähere Nähe als diese ist doch kaum möglich.

Nur werden im deutschen Sprachraum die ersten Ultraschall-Untersuchungen leider erst ab dem 3. Schwangerschaftsmonat gemacht, wo die meisten Zwillinge und Drillinge bereits heimgekehrt sind. Das heißt, bewusst merken die wenigsten Mütter, wenn sie einen (oder mehrere) ihrer Mehrlinge verlieren. Dennoch haben sie meist ein unbestimmtes Gefühl...

Interessanterweise hat meine Mutter mir dies bestätigt: sie hatte aufgrund der familiären Armut schon Sorge, ob sie ihr Kind überhaupt durchbringen würde können; umso absurder schien ihr das Gefühl zu sein, Zwillinge in sich zu tragen.

Kann auch Ihre Mutter sich an so ein Gefühl erinnern?
Und wie war das bei Ihrer eigenen Schwangerschaft?

Gar nicht so selten gibt es in der Frühschwangerschaft eine Zwischenblutung, die aber meist auch nicht mit dem Verlust einer Frucht in Verbindung gebracht wird. Das Phänomen in seiner enormen Tragweite ist heute noch kaum bekannt, daher denken die wenigsten Ärzte an diese Möglichkeit.

Auch das weiß ich aus eigener Erfahrung, obwohl ich ja selbst Medizinerin bin und in guter kollegialer Betreuung war. Als ich in einem frühen Stadium meiner Schwangerschaft mit Blutungen im Krankenhaus lag, kam niemand auf die Idee, dass mit dieser Blutung ein Kind (der Drillings-Bruder meiner Tochter) abgegangen sein könnte.

Hatte Ihre Mutter eine Zwischenblutung?
Und wie war das bei Ihnen, wenn Sie selbst Mutter sind?

Schon diese innere Ambivalenz ist für die werdende Mutter eine Belastung: einerseits ist da diese Ahnung, andererseits keine Evidenz für dieses eigenartige Gefühl. So hat die Mutter oft den Eindruck, sie würde sich nur etwas einbilden; und wird, wenn sie mit anderen darüber spricht, dann fatalerweise oft auch noch in ihrer Unsicherheit bestätigt.

Hinzu kommt dann auch noch die Geburt – bei der nur ein Kind das Licht der Welt erblickt. Natürlich liebt die Mutter ihr Kind (wenn sie psychisch gesund ist), aber dennoch bleibt da dieses numinose

Gefühl, etwas würde fehlen. Ein Gefühl, welches sie sich selbst nicht erklären kann und daher – vor allem auch unter der enormen hormonellen Umstellung während und nach der Niederkunft – als besonders belastend empfindet.

Haben Sie schon einmal erlebt, dass Sie irgendeine eigenartige Ahnung haben, die Sie sich nicht erklären können, die Sie innerlich aber dennoch stark bewegt?
Haben Sie schon einmal etwas – aus logischen Gesichtspunkten völlig Absurdes – vorhergeahnt?
Kennen Sie dieses unerklärliche, aber damit nicht weniger belastende Gefühl?
Vor allem dann, wenn diese Ahnung sich dann auch noch bewahrheitet?

Nun, so ähnlich fühlt sich eine Mutter, die unbewusst mehr als ein Kind erwartet und daher dem alleingeborenen Kind kaum die Aufmerksamkeit zuwenden kann, die sie ihm eigentlich schenken möchte. Einfach, weil ein großer Teil ihrer Aufmerksamkeit irgendwo im Numinosen absorbiert ist. Und dieser Teil ist weit umfassender als bei einer tatsächlichen Zwillingsgeburt, eben weil er vorwiegend unbewusst bleibt.

Wären beide Zwillinge gemeinsam zur Welt gekommen, hätte sie ihre Liebe völlig natürlich auf beide Kinder fokussiert. Aber in diesem speziellen Fall kann sie das nicht – es sei denn natürlich, sie lebt sehr bewusst und weiß um diesen Verlust.

Was leider auch bei evidenten Fällen meist nicht der Fall ist, denn auch wenn Ärzte und Hebammen die tote Frucht entdecken, wird dieser Verlust der Mutter meist nicht mitgeteilt – um sie zu schonen, wie es dann heißt. Was natürlich absurd ist, denn unbewusst ahnt sie ihn ja mehr oder weniger stark.

Wenn sie die Information bekommt (und eine gute Hebamme erkennt einen solchen Verlust an der Plazenta!), dann kann sie ihr verlorenes Kind mit der angemessenen Trauer verabschieden und sich dann möglichst weitgehend ihrem geborenen Kind widmen.

Aber wenn Sie nichts von diesem Verlust weiß, diesen aber tief in ihrem Inneren ahnt, bleibt ein wesentlicher Teil Ihrer Aufmerksamkeit – gegen ihren Willen – gebunden. Sie möchte ihrem geborenen Kind all ihre Liebe und Fürsorge und Aufmerksamkeit schenken; aber sie kann das nicht. Und das irritiert sie noch mehr; besonders unter dem hormonellen Feuerwerk dieser anspruchsvollen Umstellungsphase.

Für das Kind ist das die reine Katastrophe. Nicht genug, dass es seine zweite Hälfte verloren hat und allein in dieses kalte, höchst ungemütliche Leben starten muss, wird es hier nicht so empfangen und willkommen geheißen, wie es das eigentlich brauchen würde. Das ist natürlich Gift für sein Selbstwertgefühl.

Es ahnt in seiner Hochsensibilität, dass es da so etwas wie eine Rivalität gibt, die zwar nicht bewusst ausgesprochen wird – weil sie der Mutter ja gar nicht bewusst ist; also auch gar nicht benannt werden kann. Die jedoch unterschwellig verheerend wirkt. So buhlt es fortan vergeblich um die Liebe, Fürsorge und Aufmerksamkeit der Mutter; was sein Selbstwertgefühl immer noch weiter untergräbt.

Dieses Selbstwertgefühl ist aufgrund der Schuldgefühle wegen des Todes seines Zwillings ohnehin schon angeknackst. Denn alleingeborene Zwillinge haben – die längste Zeit unbewusst – das Gefühl, sie wären schuld am Tod ihres Geschwisters. Das klingt ebenso absurd wie die Schuldgefühle, die Kinder oft haben, wenn ihre Eltern sich scheiden lassen. Aber die Wirkung dieser fatalen Emotionen fragt nicht nach Logik.

Und der nicht wirklich zugewandte und daher eher unterkühlte Empfang der Mutter, deren Liebe irgendwo im Universum absorbiert ist, scheint dieses Schuldgefühl noch weiter zu bestätigen; weil der Alleingeborene den Eindruck hat, er würde die Aufmerksamkeit und Liebe, die er so dringend braucht, nicht bekommen, weil er irgendwie falsch wäre oder etwas Schlechtes getan hätte. Und dies belastet seinen Selbstwert noch weiter.

Wie sieht das bei Ihnen aus?
Haben Sie ein gesundes Selbstwertgefühl?
Oder haben Sie den Eindruck, Sie müssten sich Ihres Lebens erst als wert erweisen?
Haben Sie das Gefühl, Sie müssten liebenswert sein, um Liebe zu verdienen?
Ist das nicht eigentlich ein absurder Begriff – „liebenswert"?
Ist Liebe so etwas wie eine Belohnung für Wohlverhalten?

Diese unbewusste Rivalität – absurderweise mit dem geliebtesten Wesen, dem eigenen Zwilling, der wie ein unbewusster Schatten die Aufmerksamkeit der Mutter gebunden hält – ist übrigens der erste

Auslöser für die bei alleingeborenen Zwillingen oft sehr quälende Eifersucht. Damit beginnt ein oft lebenslanger Leidensweg, aus dem ohne die entsprechende Klärung kaum zu entkommen ist, weil die Wurzel dafür so tief im Unbewussten vergraben ist.

Natürlich sind Alleingeborene nicht auf den verlorenen Zwilling als Person eifersüchtig, aber unbewusst empfinden sie Eifersucht auf dieses numinose Wesen, das ihnen die Liebe ihrer Mutter scheinbar streitig macht und entzieht – und das ist nun einmal der verlorene Zwilling. Das mag absurd klingen angesichts der tiefen Verbundenheit unter Zwillingen; wird aber nachvollziehbar, wenn man bedenkt, dass all das ja völlig unbewusst geschieht!

Wie sieht das bei Ihnen aus?
Leiden Sie unter dieser „Leidenschaft, die mit Eifer sucht, was Leiden schafft"?
Haben auch Sie schon früh in Ihrem Leben wahrgenommen, dass Ihre Mutter Ihnen nicht die uneingeschränkte Liebe geben konnte, die Sie sich gewünscht hätten?
Ganz besonders, wenn Sie als Mädchen zur Welt gekommen sind, während eigentlich ein Bub gewünscht war?
Oder umgekehrt Sie der Bub waren, der eigentlich ein Mädchen werden hätte sollen?
Hatten auch Sie immer wieder das Gefühl, nicht genug zu sein?
Fühlten Sie sich nicht richtig?
Waren Sie in Ihrem So-Sein nicht wirklich erwünscht?
Haben Sie sich überflüssig gefühlt?
Wie das fünfte Rad am Wagen?

Wenn wir diese Mechanismen einmal erkannt haben, dann können wir aufhören, unserer Mutter deshalb Vorwürfe zu machen; vor allem wo all diese Verhaltensmuster ja auch bei ihr unbewusst abgelaufen sind – und es vielleicht nach wie vor tun. Niemand kann mehr geben, als er hat.

Natürlich nimmt uns das nicht all den Schmerz, den wir dadurch erlitten haben, all den Mangel, die unerfüllte Bedürftigkeit und den geringen Selbstwert ab. Eine Kindheit, in der wir nicht genug Liebe bekommen haben, ist letztlich durch nichts zu ersetzen; vor allem leidet unser Vertrauen ins Leben.

Dennoch habe ich die Erfahrung gemacht, dass damit zumindest Verständnis entstehen kann. Und dieses ist der erste Schritt in Richtung Versöhnung. Und damit in Richtung Heilung.

In einem späteren Kapitel erkläre ich Ihnen ausführlich meine Vorliebe für Versöhnung und warum ich das Konzept der Vergebung nicht mag.

Nun fragt sich natürlich, was wir mit dieser neuen Einsicht machen.

Was hilft es uns, zu verstehen, was da in unserer frühen Kindheit und Jugend abgelaufen ist?
Wie können wir uns dank dieser Einsicht selbst heilen – und damit unsere Mutter aus ihrer Verantwortung entlassen?
Wie können wir uns aus den nicht erfüllten und wohl nicht erfüllbaren Erwartungen an sie befreien?

Dazu ist es nötig, uns selbst nun all das zu geben, was uns als Kind abgegangen ist: Liebe, Fürsorge, Wertschätzung, Achtung, Rückhalt, Geborgenheit, Bestätigung, Ermutigung, Schutz, Lob, Anerkennung und ein herzliches Willkommen.

Und es gilt, die schmerzhaften Phasen unseres Lebens zu erneuern.

Spielen Sie Ihre Geburt in einer neuen, glücklicheren Version durch und dabei beziehen Sie dabei möglichst Ihren verlorenen Zwilling jenseits der Regenbogenbrücke mit ein. Er wird Ihnen helfen, sich so anzunehmen, wie Sie sind, und sich hier willkommen zu heißen.

Andererseits scheint es mir wesentlich zu sein, uns mit unserer Mutter auszusöhnen. Nicht zuletzt, weil wir ja auf Seelen-Ebene genau diesen speziellen Start ins Leben geplant haben – mit allen daraus resultierenden Belastungen ebenso wie mit den Gaben, die uns daraus erwachsen; sobald unser Ur-Trauma geheilt ist.

Ich weiß nicht, ob Sie das auch so sehen, aber ich gehe davon aus, dass wir auf Seelen-Ebene entscheiden, mit welchen Begegnungen, Erfahrungen und Herausforderungen wir uns in diesem Leben konfrontieren wollen. Diese Sichtweise bestätigt übrigens auch Neale Donald Walsch in seiner wunderschönen Geschichte „Eine kleine Seele spricht mit Gott", die Sie leicht im Netz finden können.

Aber vielleicht sollten Sie schon bei Ihrer Empfängnis und der Schwangerschaft beginnen und sich auch da eine idealere Version schenken. Vielleicht nicht unbedingt eine andere Geschichte, sondern einen anderen, bewussteren Umgang mit Ihrer Geschichte – die Sie meinem Weltbild nach ja bewusst gewählt haben.

Aber wenn Ihre frühe und spätere Kind extrem belastet war, dann können Sie sich auch dabei die eine oder andere Korrektur gönnen; ebenso wie für Ihre Adoleszenz und den Übergang in Ihr erwachsenes Leben. Auch hier entweder in der Erfindung einer neuen Entwicklung, oder im weiseren Umgang mit Ihrer eigenen Geschichte, der Ihnen aus der neuen Perspektive hoffentlich zugänglich wird.

Dann, erst dann werden Sie die großartigen Früchte ernten, die mit dieser Anlage verbunden sind; und für die Sie sich auf Seelen-Ebene ebenso entschieden haben wie für die Probleme, Hürden und Krisen.

Begleiten Sie mich in den nächsten Kapiteln durch die verschiedenen Lebensphasen und beobachten Sie, ob es reicht, sich jeweils eine neue Einstellung anzueignen; oder ob Sie tatsächlich eine völlig neue Geschichte brauchen.

Zuvor sollten Sie Ihr Homo Sapiens Sapiens Gehirn einschalten – jene Hirnteile, die Ihr eigentliches Mensch-Sein ausmachen und die Sie brauchen, um eine virtuelle Realität zu erschaffen. Diese sind unter Stress durch Minderdurchblutung ausgeschaltet, sodass Sie sie erst wieder einschalten, also aktivieren sollten.

Aktivierung Ihres Homo Sapiens Sapiens Gehirns

Richten Sie sich auf und drehen Sie Ihre Schultern mit einem weiten Kreis nach hinten und unten!
Atmen Sie zuerst tief aus – so tief wie möglich, um viel Raum für frische Luft frei zu machen – und dann ebenso tief ein; dann atmen Sie ruhig und regelmäßig weiter!
Und lächeln Sie!
Dann legen Sie eine Hand auf Ihre Stirn, um die darunterliegende Hirnrinde zu aktivieren!
Und legen Sie die andere Hand auf Ihren Hinterkopf, um auch Ihre optischen Zentren zu aktivieren!
Dann lassen Sie sich ein Licht aufgehen – stellen Sie sich vor, wie es in Ihrem Stirnhirn möglichst hell wird.
Und stellen Sie sich bildlich vor, wie sich die Blutgefäße, die Ihre Hirnrinde versorgen, erweitern und viel frisches, mit Zucker und Sauerstoff angereichertes Blut dorthin bringen!

Eine glückliche Empfängnis

Wissen Sie, wie Ihre Empfängnis abgelaufen ist?
Waren Sie ein – vielleicht schon lange erwartetes – bewusst gezeugtes Wunschkind?
Oder sind Sie „passiert"?

Ich habe mein Leben einem Freund meiner Eltern zu verdanken, der „im falschen Moment" an der Tür geläutet und damit meinen Vater erschreckt hat. Dieser Mann hat also offenbar die Rolle eines „Vollzugsbeamten des Schicksals" ☺ übernommen – also sei an dieser Stelle auch ihm gedankt!

Ebenso wie dem Hausarzt, der meiner Mutter die Angst, ob sie mich in der damaligen Armut ernähren würde können, mit dem Satz: *„Wo ein Haserl, da ist auch ein Graserl!"* genommen hat. Auch ihm, der wohl lange schon im Jenseits weilt, sei hier für mein Überleben gedankt!

Bei meiner Tochter waren wohl einige Engel am Werk, denn ich habe sie empfangen, obwohl ich dreifach „geschützt" war – wobei mir dieser an sich recht gängige Begriff hier ganz und gar nicht schön vorkommt, daher auch die Anführungszeichen.

Immerhin ist sie in Liebe entstanden und als ich den positiven Schwangerschaftstest sah, ist die Liebe zu diesem neuen Menschlein so in mir explodiert, dass jeglicher Zweifel im Nu aufgelöst war. Niemals hätte ich sie hergegeben, auch wenn meine finanzielle Situation (als Alleinerzieherin) ähnlich prekär war wie die meiner Eltern bei meiner Ankunft. Aber der Satz *„Wo ein Haserl, da ist auch ein Graserl!"* hat Jahre später auch mich beruhigt.

Was wissen Sie von Ihrer Empfängnis?
Können Sie noch etwas darüber erfahren, wenn Ihre Eltern noch leben?

Wenn nicht, dann können Sie das auch über den „Dialog der Hände" tun, den ich Ihnen in einem späteren Kapitel vorstellen werde.

Wenn Ihnen Ihre Geschichte gefällt, dann versetzen Sie sich einmal in Ihrer Vorstellung hinein und erleben Sie noch einmal dieses Überspringen des Funkens – ein phantastischer Augenblick! –, wenn die

Samenzelle Ihres Vaters mit der Eizelle Ihrer Mutter verschmilzt und Sie auf diesem Planeten inkarnieren.

Wenn Ihnen die Geschichte Ihrer Empfängnis nicht behagt, dann erfinden Sie eine neue oder verändern Sie Ihre zumindest soweit, dass Sie ein gutes Gefühl haben, wenn Sie sich noch einmal in diesen besonders kostbaren Moment hineinversetzen!

Wenn Sie im Augenblick noch nichts darüber wissen, können Sie sich diese Situation vorstellen und darauf achten, welche Assoziationen Ihnen in den Sinn kommen. Sie haben diesen Augenblick in Ihrem Körpergedächtnis gespeichert, also kann es durchaus sein, dass Sie direkt Zugang dazu finden.

Fragen Sie sich:

Wie war die Situation, in der ich entstanden bin?
Waren meine Eltern einander nahe?
Oder waren sie einander fremd?
War das ein zärtlicher und leidenschaftlicher Liebesakt?
Oder war bei meiner Empfängnis Gewalt im Spiel?
Gab es Feindseligkeit?
Unkenntnis und Unbewusstheit?
Haben sich meine Eltern gefreut, als sie von mir erfahren haben?
Oder waren sie enttäuscht und überfordert?
Haben sie einander offen gezeigt, wie es ihnen damit ging?

Was konnten Sie – wie auch immer – über diesen besonderen Augenblick Ihres Lebens in Erfahrung bringen?

Wenn Ihnen das, was Ihnen auf dieser Reise in die Frühzeit Ihres Erdendaseins zu Bewusstsein gekommen ist, gefällt, dann freuen Sie sich daran!

Wenn nicht, dann spielen Sie damit – korrigieren Sie da und dort so lange, bis Sie sich damit wirklich gut fühlen!

Dabei müssen Sie nicht unbedingt die Tatsachen an sich verändern; es kann auch reichen, wenn Sie Ihre Einstellung dazu verändern.

Machen Sie das, was Sie in Ihr Wohlgefühl bringt!

Wenn beispielsweise Gewalt bei Ihrer Empfängnis eine Rolle gespielt hat und Sie darin eine bewusste Wahl Ihrer Seele erkennen und annehmen können, dann haben Sie auch einen großen Schritt in Richtung Befreiung geschafft.

Aber wenn Ihnen der Eindruck von Gewalt (vielleicht sind Sie bei einer Vergewaltigung entstanden), den Sie beim Zurückreisen gewonnen haben, zu sehr weh tut, dann erlauben Sie sich durchaus die Änderung, mit der Sie sich wohler fühlen!

Wenn Sie tatsächlich ein alleingeborener Zwilling oder Drilling sind, dann wäre in diesem Zusammenhang auch interessant, wahrzunehmen, ob Ihr Befruchtungsakt ein gemeinsamer war – Sie also ein eineiiger Mehrling sind – oder ob es zwei voneinander unabhängige Verschmelzungen von Ei- und Samenzelle gegeben hat.

In seltenen Fällen können solche zeitlich versetzten Befruchtungen sogar mit Samenzellen verschiedener Väter stattfinden; wenn die Mutter in der empfänglichen Zeit Sex nicht nur mit einem Mann hatte und mehrere Eizellen in etwa parallel gereift und gesprungen sind. Diese Variante kommt zwar eher selten vor, ist aber durchaus möglich; und bringt natürlich noch komplexere Herausforderungen mit sich – die Sie sich in Ihrer Phantasie vermutlich leicht ausmalen können.

Wenn Sie also mit Ihrer Befruchtung nicht zufrieden sind, schenken Sie sich einen liebevollen Liebesakt Ihrer Eltern und fühlen Sie, wie es Ihnen damit geht! Sie können auch mehrere Varianten durchprobieren, bis Sie ihre ideale gefunden haben – lassen Sie Ihre Phantasie frei spielen!

Und dann fühlen Sie nach dieser Reise in sich hinein: wenn Zufriedenheit und Frieden da sind, dann ist es gut. Wenn Sie noch unzufrieden sind, dann ändern Sie Ihre Geschichte so lange, bis Sie damit im Frieden sind!

Eine glückliche Schwangerschaft

Nachdem Sie Ihre Empfängnis befriedet haben, können Sie sich nun Ihrer Schwangerschaft zuwenden, um auch damit Frieden zu finden.

Vergessen Sie nicht, zuvor wieder Ihr Homo Sapiens Sapiens Gehirn einzuschalten, damit Sie wirklich Ihr volles geistiges Potenzial zur Verfügung haben!

Wenn Sie sich dank meiner Beschreibung (oder des HSP-Tests oder der Indizienliste) als alleingeborener Zwilling wiedererkannt haben – oder wenn Sie sich schon vor der Lektüre dieses Buches dessen bewusst waren –, dann gilt es, Ihre Schwangerschaft in zwei verschiedene Richtungen zu klären.

Einerseits die äußeren Bedingungen – also die Wahrnehmungen in Bezug auf Ihre Mutter und die Umgebung –, anderseits Ihr direktes Umfeld, also die Situation in der Gebärmutter Ihrer Mutter.

Fragen Sie sich einerseits:

Wie ist es mir im Leib meiner Mutter gegangen?
Wie habe ich mich im Beisein meines Zwillings gefühlt?
Wie hat sich diese tiefe Zwilling-Liebe zwischen uns angefühlt?
Wie habe ich meine andere Hälfte wahrgenommen?
Und wie hat es sich angefühlt, als diese von mir gegangen ist?
Wie habe ich auf diesen Schock hin reagiert?
Bin ich sehr unruhig geworden?
Oder war ich eher paralysiert?

Und andererseits:

Wie hat sich meine Mutter in dieser Zeit gefühlt?
Wie hat sie sich verhalten?
War sie in der Vorfreude auf mich / uns?
Hat sie geahnt, mehr als nur ein Kind unter dem Herzen zu tragen?
War sie entspannt, glücklich und zuversichtlich?
Oder hatte sie Angst und war sie verspannt und unzufrieden?
Wie waren ihre Lebensumstände?
Musste sie in dieser Zeit (viel) arbeiten?
Waren noch andere Geschwister da?
Wie ging es meiner Mutter mit meinem Vater?

War er anwesend?
War ihre Beziehung gut und förderlich?
Hat mein Vater sich um seine schwangere Frau gekümmert?
Hat er sich auf sein Kind gefreut?
Oder war meine Mutter in dieser Zeit allein?
Wenn ja: hat sie darunter gelitten?
Gab es Kontakt zu meinem Vater oder nicht?
Wusste er, dass er Vater werden würde?
Wie ging es meiner Mutter in dieser Zeit körperlich?
Hat sie sich wohlgefühlt?
Oder gab es Probleme?
Wenn ja: welche?
Hatte sie während der Schwangerschaft eine Blutung?
Hat sie unter Übelkeit und Erbrechen gelitten?
Hatte sie Schlafstörungen?
Depressionen?
Hat meine Mutter in dieser Zeit bewusst Kontakt mit mir gesucht?
Hat sie versucht, mich abzutreiben?
Ist mein Zwilling dabei getötet worden?
Was fällt mir noch alles ein?

Nachdem Sie sich diese frühe Phase Ihres Erdenlebens in Erinnerung gebracht oder aus Ihrer Phantasie rekonstruiert haben:

Wie geht es Ihnen mit dieser Rückschau auf die Zeit Ihrer frühen Entwicklung?
Sind Sie damit zufrieden?
Oder möchten Sie die eine oder andere Korrektur anbringen?
In Bezug auf Ihre Einstellung oder bezüglich den Tatsachen?

Was ich Ihnen jedenfalls empfehlen möchte, ist die folgende Zwilling-Meditation – lassen Sie sich von meinen Worten inspirieren und finden Sie Ihre eigenen Formulierungen. Sprechen Sie diese auf Band, um sich davon durch die Meditation begleiten zu lassen; oder bitten Sie eine Person Ihres Vertrauens, sie Ihnen vorzulesen und Sie so hindurch zu begleiten.

Zwilling-Meditation

Setze oder lege dich in eine angenehme Position und nimm deinen Körper bewusst wahr ... spür an manchen Stellen die Unterlage ... spür, wie sie dich trägt, wie du getragen wirst ... spür auch die Luft im Raum ... es gibt jetzt nichts, was du tun oder sein musst ... du kannst dich lösen und ganz still werden ... und du fühlst dich wohl ...

dein Herz schlägt kräftigt und regelmäßig in seinem vertrauten Rhythmus ... ein Rhythmus, in dem du dich geborgen fühlst ... und dem du dich ganz hingeben kannst ... achte eine Weile auf deinen Atem ... spür die Luft an deinen Nasenflügeln vorbei streichen, ganz leicht und kühl ... während du einatmest, erfüllt sich dein Körper mit Lebenskraft und frischer Energie ... und während des Ausatmens wird deine Entspannung tiefer und immer noch tiefer ... tiefe Stille erfüllt dich, während dein Körper in seiner Mitte ruht ...

Nun versetze dich in eine sehr frühe Zeit deiner Inkarnation und stell dir vor, du lebst als frisch inkarnierter Seelen-Funke in annähernd der engsten Symbiose, die du dir vorstellen kannst ... mit deinem Zwilling, deiner anderen Hälfte in wohltuender Geborgenheit im Leib deiner Mutter... ja, genauso empfindest du das! Ihr fühlt einander, könnt einander hören und berühren ... und ihr fühlt euch wunderbar aufgehoben in dieser liebevollen Einheit ... das warme Fruchtwasser trägt euch in der entspannenden Schwerelosigkeit... und ihr seid euch ununterbrochen dieses Miteinanders bewusst ... dieser selbstverständlichen und wohltuenden Einheit ... irgendwo in scheinbarer Ferne könnt ihr den Herzschlag eurer Mutter hören ... vielleicht auch ihre Stimme ... oder die eures Vaters ... ihr könnt auch die Emotionen eurer Mutter wahrnehmen, wisst in jedem Augenblick, wie es ihr in der Erwartung ihrer neuen Rolle geht ... wie sie auf euren Vater und andere Menschen in ihrem Umfeld reagiert ... aber am wichtigsten von all dem ist eure Verbindung in diesem so starken Wir-Gefühl: du und dein Zwilling ... lass dir eine Weile Zeit, um diese enge und sich so richtig anfühlende Verbindung wahrzunehmen ... und zu genießen ... dieses wohltuende Miteinander in einem innigen Wir ... diese heilsame Nähe, die sich so gut anfühlt, so stimmig ... du kannst deinen Zwilling berühren, mit ihm spielen ... und wenn du ihn berührst, hast du eigentlich das Gefühl, du würdest dich selbst berühren ... er fühlt sich an wie ein anderes Ich ... ein Teil von dir, so wie du dich als Teil von ihm empfindest ... ja, in Wahrheit fühlt ihr euch eins ... in tiefer Verbundenheit ... in wundervoller Einheit ... vielleicht kannst du wahrnehmen, welches Geschlecht dein Zwilling hat ... ist er gleichen Geschlechts wie du? Oder ist er dein anderer Pol? Genieße eine Weile dieses Miteinander in tiefer Vertrautheit...

Aber dann kommt der Augenblick, in dem du zugleich spürst und hörst, wie der Herzschlag deiner zweiten Hälfte langsamer wird und aufhört ... und kannst wahrnehmen, dass dein Zwilling sich kaum mehr bewegt ... dann gar nicht mehr ... auf einmal geht dir deine andere Hälfte verloren ... scheinbar verloren, aber das weiß nur dein Höheres Selbst, deine Seele!

Dein kleines Ego, das sich gerade auf die Menschwerdung vorberei-
tet, spürt einfach diesen unermesslichen Verlust ... diesen alles
durchdringenden Schmerz ... mitten in diesem anspruchsvollen Pro-
zess des Werdens bricht dieser tiefe, kaum zu ertragende Verlust-
schmerz ein ... Panik breitet sich in dir aus ... und da ist erstmals in
deinem jungen Leben dieses kaum zu ertragende Gefühl des allein
gelassen Werdens ... des verlassen Werdens ... der dunklen, eiskal-
ten Einsamkeit ... erlaube dir für einige Augenblicke, diesen unfass-
baren Schmerz zu fühlen...

Aber dann kannst du etwas wie einen fernen Ruf wahrnehmen ...
unendlich liebevoll ... trostreich ... heilsam ... und du öffnest deine
Sinne für diese Wahrnehmung ... und erkennst deinen Zwilling ...
dein geliebtestes Wesen ... das dir auf materieller Ebene zwar verlo-
ren gegangen ist, auf geistiger Ebene aber ganz nahe ist ... ja, dein
Zwilling leuchtet dir wie ein kleines Licht inmitten dieses scheinbar
undurchdringlichen Nebels aus Schmerz und Weh und Angst und
Einsamkeit ... ein Licht, das immer stärker wird und so heilsam wirkt,
wenn du dich diesem Ruf hingeben kannst ... hör ihn tief in deinem
Herzen ... lass ihn eintauchen in dich und tief in dir Frieden bringen
... spür deutlich, dass deine zweite Hälfte dir nicht verloren gegan-
gen ist ... sie ist nach wie vor da ... sie ist da für dich ... sie ist ganz
nah bei dir und wird dich dein ganzes Erdenleben begleiten! Anders
als zuvor, aber deutlich spürbar, wenn du dich dieser Wahrnehmung
öffnest ... vielleicht kannst du deinen Zwilling als Lichtgestalt vor
deinem geistigen Auge sehen ... kannst seine liebevoll tröstenden
Worte hören ... die Ermutigung, die er dir zuteil werden lässt ... ja,
dein Zwilling jenseits der Regenbogenbrücke ist für dich da und wird
dich durch diese Inkarnation begleiten ... wie vielleicht auch du ihn
durch ein anderes Leben begleitet hast ... wie ein Begleitengel ...

Und in dieser tröstlichen Wahrnehmung passiert Heilung ... im
Wahrnehmen der weiterbestehenden Verbindung zu deinem Zwilling
beginnt dein Schmerz sich zu lösen ... in der wieder gefundenen
Einheit beginnt die Wunde zu heilen ... Du weißt nun, dass du nicht
mehr alleine bist, weil deine über alles geliebte zweite Hälfte, die
dich über alles liebt, bei dir ist ... und bleibt ... du wirst in diesem
Leben nie mehr alleine sein und dein seit vielen Jahren schon so
vertrautes, quälendes Gefühl der Einsamkeit weicht ein für alle Mal
dieser wohltuenden Gewissheit dieses Wir ... dieser vertrauten Ver-
bindung, die euch beide über die Grenzen hinweg vereint ... du und
dein Zwilling ihr seid eins ... für immer verlässlich verbunden auch
über die Grenze zwischen den Realitätsebenen hinweg ...

Bleib noch eine Weile in dieser wohltuenden Erleichterung und nimm die Gegenwart deiner zweiten Hälfte wahr ... und genieße die wundervolle Geborgenheit dieses Miteinander...

Lassen Sie die Eindrücke, die Sie in dieser Meditation gewonnen haben, eine Weile in sich nachwirken...

Spüren Sie den tiefen Frieden, den diese Meditation Ihnen bringt?
Wie geht es Ihnen jetzt, wo Sie – vielleicht erstmals – Kontakt mit Ihrem Zwilling aufgenommen haben?
Wie hat es sich angefühlt, wahrzunehmen, dass Ihre andere Hälfte zwar körperlich verloren gegangen ist, auf geistiger Ebene jedoch nach wie vor für Sie da ist?
Wie fühlt es sich an, zu wissen, dass Sie jederzeit deren energetische Anwesenheit spüren können?

Im Kapitel zum Thema „Dialog der Hände" werde ich Ihnen einen Weg ans Herz legen, über den Sie auch verbal mit Ihrer anderen Hälfte kommunizieren können.

Wenn Sie übrigens nicht nur einen Zwilling verloren haben, sondern zwei Drillinge, dann adaptieren Sie meine Empfehlungen bitte auf Ihre spezielle Situation!

Eine glückliche Geburt

Was auch immer Sie über Ihre Geburt wissen – oder auch in den nächsten Tagen von Ihrer Mutter (oder anderen, die darüber Bescheid wissen) erfragen können –, Sie sind nicht darauf reduziert; denn Sie haben diesen speziellen Moment Ihres Lebens in Ihrem Körpergedächtnis gespeichert.

Und wenn Sie mehr darüber wissen wollen, als Ihnen jetzt in der entspannten Vergegenwärtigung zugänglich wird, können Sie ja einen seriösen Hypnose-Therapeuten zu Rate ziehen und sich zurückführen lassen.

Schalten Sie bitte wieder Ihr Homo Sapiens Sapiens Gehirn ein!

Und dann fragen Sie sich:

Wo bin ich zur Welt gekommen?
Im Krankenhaus oder daheim oder irgendwo unterwegs?
Wie war die Umgebung, in die ich hinein geboren wurde?
Wie war die Stimmung?
Wer war bei meiner Geburt dabei?
Waren die Anwesenden nett, fürsorglich und liebevoll zu meiner Mutter?
Oder waren sie unfreundlich und zurückweisend?
War mein Vater da?
Wenn ja: wie ging es ihm und wie hat er reagiert?
Wenn nein: wie lange nach meiner Geburt hat er mich erstmals gesehen?
Wie hat er da reagiert?
Hat er mich überhaupt gesehen?
Kenne ich ihn überhaupt?
War meine Geburt leicht oder schwer?
Hat meine Mutter sehr gelitten?
Hat sie sehr geschrien?
Wurde sie betäubt?
Wenn ja: wie?
Gab es Komplikationen?
Bin ich im Geburtskanal stecken geblieben?
Bin ich eine Zangengeburt oder war eine Saugglocke nötig?
War ich eine Steißgeburt?
War ich eine Frühgeburt?

War ein Kaiserschnitt nötig?
Wenn ja: wurde ich nach der Geburt von meiner Mutter weggebracht?
Musste ich intubiert werden?
Musste ich im Brutkasten bleiben?
Wurde ich gleich nach der Geburt meiner Mutter in die Arme gelegt?
Oder wurde ich ihr weggenommen?
Wenn ja: wann hat sie mich erstmals wiedergesehen?
Oder war sie bei meiner Geburt in Narkose und hat mich überhaupt erst nach einigen Tagen erstmals gesehen?
Wie hat sie da reagiert?
Habe ich irgendwelche Erinnerungen daran, wie es mir bei meiner Geburt gegangen ist?
Hatte ich Angst?
Schmerzen?
Hatte ich Widerstände und wollte nicht zur Welt kommen?
Wie war das Gefühl, allein auf die Welt zu kommen, obwohl ich eigentlich zu zweit (oder zu dritt) in diese Inkarnation gestartet bin?
Fand meine Mutter mich schön oder hässlich?
Hat sie sich über meine Ankunft gefreut?
Habe ich mich willkommen gefühlt?
Oder hatte ich das Gefühl, ich sei eine Enttäuschung?
Hatte ich vielleicht das „falsche" Geschlecht, weil eigentlich das andere erwartet wurde?
Wie stelle ich mir dieses ganze Geschehen vor?
Und wie fühlt es sich an, wenn ich mich jetzt in diese Szene hineinversetze?

Auch hier wieder korrigieren Sie entweder Ihre Einstellung zu all dem; oder aber die Tatsachen selbst, wenn Sie es als zu schmerzhaft empfinden.

Vor allem aber möchte ich Ihnen wirklich ans Herz legen, sich ein Bild von Ihrer Geburt zu machen, in dem Ihre zweite Hälfte wie eine Art Begleitengel dabei ist und Sie auf der Erde willkommen heißt.

Damit starten Sie nicht allein in dieses Erdenleben und können sich darauf verlassen, dass Sie stets begleitet werden. Und damit sind Sie nicht mehr so bedürftig nach der Liebe Ihrer Mutter; die diese ihrem alleingeborenen Zwilling, wie ich bereits erklärt habe, nicht so bedingungslos schenken konnte, wie sie sich das vermutlich gewünscht hätte – und wie Sie es gebraucht hätten.

Wer auch immer sonst noch bei Ihrer Geburt dabei war und wie auch immer diese abgelaufen ist, holen Sie sich Ihre zweite Hälfte als „Verstärkung" – und ich hoffe sehr, dass Sie nach der Meditation im letzten Kapitel Zugang haben zu Ihrem jenseitigen Zwilling!

Wie Sie sich diese Wesenheit vorstellen, bleibt Ihnen überlassen – als Engelwesen, das sich unter die Anwesenden mischt und Sie hier liebevoll empfängt; oder als Lichtwesen, das über Ihnen durch den Raum schwebt und Sie in diesem anspruchsvollen Prozess des Geboren-Werdens begleitet und unterstützt; oder bloß als nicht optisch wahrnehmbare, dafür aber stark spürbare energetische Gegenwart, die Ihnen Rückhalt gibt und Sie beschützt. Die Gestalt, die Sie wahrnehmen, ist weniger wesentlich als das Gefühl, welches sie Ihnen vermittelt.

Wichtig ist vor allem das Gefühl, hier liebevoll empfangen zu werden und willkommen zu sein. Und auch wenn Sie das bei Ihrer Geburt nicht erlebt haben, können Sie es sich jetzt auch nachträglich schenken!

Gönnen Sie sich das wohltuende Gefühl, dass es gut ist, dass Sie da sind!
Dass Sie eine wertvolle Bereicherung für diesen Planeten sind!
Dass Sie ein Geschenk für diese Welt sind!

Fühlen Sie, wie wohltuend sich das anfühlt?

Eine glückliche frühe Kindheit

Nachdem Sie Ihre Geburt befriedet haben, können Sie sich nun Ihren ersten Jahren widmen. Versetzen Sie sich in diese frühe Zeit hinein und holen Sie weitere Informationen von anderen ein, wenn Ihnen selbst die Erinnerung fehlt!

Wenn Sie schon länger auf diesem Planeten weilen, werden Sie vermutlich nicht allzu viele Fotos aus Ihrer Kindheit haben. Aber auch diese wenigen zu betrachten, mag hilfreich sein, um sich in diese Zeit zurückzuversetzen.

Wenn Sie einer jüngeren Generation angehören, dann werden Sie vermutlich eine Menge Kindheitsfotos zur Verfügung haben. Dann empfehle ich Ihnen, sich wirklich einmal Zeit zu nehmen, um darin zu schmökern und Anschluss zu finden an Ihre ersten Jahre als menschliches Wesen.

Schwelgen Sie in Erinnerungen und betrachten Sie die eher schmerzhaften aus der neuen Perspektive eines alleingeborenen Zwillings!

Und dort, wo Ihnen das nicht gelingt, weil die Erfahrungen zu belastend waren, korrigieren Sie die Tatsachen und schenken Sie sich eine beglückendere Variation und entspanntere Wendungen!

Und vergessen Sie nicht, Ihr Homo Sapiens Sapiens Gehirn einzuschalten!

Fragen Sie sich:

Hatte ich in dieser Zeit noch Kontakt zu meiner zweiten Hälfte?
Konnte ich eine Wesenheit in meiner Nähe wahrnehmen, die die anderen nicht sehen konnten?
Wie haben andere darauf reagiert, wenn ich dies kundgetan habe?
Wie war meine Mutter in meinen ersten Lebensmonaten zu mir?
Wie ging es ihr in dieser neuen Rolle?
Wie hat sie sich verhalten und wie hat sie reagiert?
Konnte ich dieses merkwürdige Fernweh in ihr wahrnehmen?
Diese mentale und emotionale Absenz auch in der körperlichen Präsenz?
Habe ich mich zurückgewiesen gefühlt?

Hatte ich das Gefühl, ich wäre nicht richtig?
Habe ich mich einsam gefühlt?
Nicht zugehörig?
Habe ich viel geweint?
Hatte ich viele Ängste?
Hat sie mich getröstet, wenn ich traurig war oder Angst hatte?
Hat sie mit mir geschimpft oder mich bestraft, wenn ich etwas „falsch" gemacht habe?
Wenn ja: wie?
Wie hat sie reagiert, wenn sie böse und zornig war?
Hat sie mich geschlagen?
Wenn ja: wohin und womit?
Hat sie mich anders körperlich oder seelisch misshandelt?
Wie oft ist das passiert und aus welchem Grund?
Hat sie mich angeschrien?
Wenn ja: weshalb und wie oft?
Oder hat sie sich zurückgezogen und mir ihre Zuwendung versagt?
Hat sie mich weggesperrt?
Hat sie meine Bestrafung an meinen Vater delegiert?
Hat sie mir mit ihm gedroht?
Hat sie mich gelobt, wenn ich „brav" war und etwas „gut" und „richtig" gemacht habe?
War sie stolz auf mich, wenn mir etwas gelungen ist?
Oder hat sie sich für mich geschämt?
Hat sie mir das Gefühl vermittelt, zu mir zu stehen?
Hat sie mir Mut gemacht?
Hat sie mich zu Neuem ermutigt oder mich eher in meinem Taten-drang eingeschränkt?
Hat sie mich in meiner Selbständigkeit gefördert oder mich eher überbehütet?
Hat sie mir das Gefühl vermittelt, etwas Besonderes zu sein?
Wie war ihr Verhalten in Bezug auf mein Essverhalten?
Hat sie mich zum Essen gezwungen?
Musste ich immer zusammenessen, was auf meinem Teller war?
Hat sie sich Zeit für mich genommen?
Hat sie mit mir gespielt?
Hat sie mir Geschichten erzählt oder vorgelesen?
Wenn ja: hat sie das gern gemacht oder war es eher eine Pflicht?
Wie hat sich das für mich angefühlt?
Hat sie mit mir gelacht?
Hat sie mir gezeigt, wenn sie traurig war oder Angst hatte?
Hat sie vor mir geweint?
Wenn ja: wie ging es mir damit?
Wie hat sie sich verhalten, wenn ich krank war?

Hat sie mich gepflegt und verwöhnt?
Wenn ja: wie? Mit echter Anteilnahme oder eher vorwurfsvoll?
War ich viel krank?
War ich im Krankenhaus?
Wenn ja: wie oft und wie lange?
Hat sie mich oft weggegeben?
Musste ich die Ferien woanders verbringen?
Wenn ja: wo und mit wem?
Wie ist es mir da gegangen?
Hatte ich Heimweh?
Hat sie mich auf Reisen mitgenommen?
Wenn ja: wohin?
Und wie hat sich das angefühlt?
Hat sie mir das Gefühl vermittelt, ich würde sie überfordern?
Hat sie mich überfordert?
Hat sie sich gehen lassen?
Hat sie von mir verlangt, ich solle tapfer sein und mich zusammen-reißen?
Was hat sie sonst noch getan, was mir in unangenehmer Erinnerung geblieben ist?
Hatte ich in dieser Zeit Geschwister?
Wie ging es mir mit diesen?
Haben wir uns vertragen?
Oder habe ich mich eher als Außenseiter empfunden?
Woran kann ich mich noch erinnern?
Woran erinnere ich mich gern aus dieser Zeit?

Auch hier wieder können Sie all das, was sich nicht so gut angefühlt hat, mit einer neuen Einstellung erträglicher gestalten; oder, wenn es zu schlimm war, durch eine neue Version ersetzen.

Und denken Sie daran, dass Ihr Zwilling oder Ihre Drillinge Sie bei all dem begleiten und unterstützen!

Eine glückliche Jugend

Nun sehen wir uns Ihre spätere Kindheit und Ihre Jugendzeit an. Auch hier wieder können Sie Fotos zu Hilfe nehmen, um sich diese Zeit zu vergegenwärtigen, damit Sie die folgenden Fragen beantworten können. Allerdings nehme ich an, dass Ihnen die Erinnerungen an diese Zeit noch präsenter sind.

Und denken Sie bitte wieder daran, Ihre höheren Hirnzentren einzuschalten: atmen Sie tiefer, lächeln Sie und lassen Sie sich im Stirnhirn ein Licht aufgehen!

Und dann fragen Sie sich:

Wie habe ich meine Mutter in diesen Jahren erlebt?
Liebevoll und wertschätzend?
Oder eher ablehnend und zurückweisend?
Wie ging es ihr in dieser Zeit?
Hat sie mich sehr kontrolliert?
Oder sich gar nicht um mich gekümmert?
Hat sie sich für meine Angelegenheiten interessiert?
Konnte ich Dinge, die mich interessiert haben, mit ihr teilen?
Konnte ich mich mit meinen Problemen und Krisen an sie wenden?
Wie war ich in der Schule?
Und wie hat sie darauf reagiert?
Wie hat sie sich meinen Lehrern gegenüber verhalten, wenn diese mich angegriffen oder kritisiert haben?
Hat sie meinen Vater miteinbezogen und mir mit ihm gedroht?
Oder ist sie eher hinter mir gestanden, wenn ich Probleme hatte?
Wie hat meine Mutter auf meine Freundinnen und Freunde reagiert?
Durfte ich diese mit nachhause bringen?
Wie hat sie auf meine erste Liebe reagiert?
Hat sie diese akzeptiert?
Oder mir eher abgeraten?
Wenn ja: wie hat sie mir das gezeigt?
War sie eifersüchtig?
Wenn es Probleme gab, konnten wir uns verbal offen austauschen?
In einer vernünftigen Lautstärke, oder gab es Geschrei?
Oder hat sie mich eher subtil manipuliert?
War sie in dieser Zeit übertrieben offen, um gut dazustehen?
Wie hat sie auf meine Flausen reagiert?
Konnte sie mir diese nachsehen?

War ich in meiner Pubertät eher schlampig oder ordentlich?
Hat mich meine Mutter in meiner Berufswahl beeinflusst?
Hatte sie bestimmte – zu hohe – Erwartungen an mich?
War sie mit meinen Erfolgen zufrieden?
War sie stolz auf mich, wenn ich etwas erreicht habe?
Oder gab es da Neid, Missgunst und Eifersucht?
Hat sie mich eher bestätigt oder mehr kritisiert?
Hat sie mir meine Misserfolge vorgeworfen?
Hat sie mich getröstet, wenn ich niedergeschlagen war?
Oder hat sie mich noch zusätzlich „niedergemacht"?
Hat sie mich in meinen Ambitionen bestätigt?
Und mich ermutigt?
Hat sie mein Selbstvertrauen gestärkt?
Oder hat sie es untergraben?
Wie hat mich meine Mutter in meiner Lebenseinstellung geprägt?
Welche destruktiven Glaubenssätze habe ich von ihr übernommen?
Gab es auch konstruktive?
Wie haben sich die Überzeugungen meiner Mutter auf meine Le-
bensgestaltung ausgewirkt?
Sah ich in meiner Mutter eine zu respektierende Autoritätsperson?
Oder eher eine ebenbürtige Freundin?
Oder gar eine Nebenbuhlerin, mit der ich in Konkurrenz stand?
Konnte ich ihr vertrauen?
Hat sie mir vertraut?
Fühlte ich eine gewisse Abhängigkeit von meiner Mutter?
Oder hatte ich den Eindruck, eigenständig und autonom zu sein?
Wie haben wir uns versöhnt, wenn es Streit gab?
Konnten wir offen über unsere Divergenzen sprechen?
Oder haben wir Konflikte geschluckt und unter den Teppich gekehrt?
War meine Mutter mir während meiner Jugendzeit nahe?
Oder haben wir uns in dieser Zeit voneinander entfernt?
Hat sie mir das Gefühl vermittelt, mich wirklich zu lieben?
Hat sie mich wertgeschätzt?
Hat sie mich geachtet?
Hat sie mich respektiert?
Was ist mir aus dieser Zeit noch in Erinnerung?

Auch hier können Sie manches aus der neuen Perspektive in einem anderen Licht sehen und Ihrer Mutter nachsehen. Aber wenn es zu schlimm war, dann erfinden Sie eine neue Version – und lassen Sie sich von Ihrem Mehrling dabei begleiten und unterstützen!

Meine Wunschgeschichte

In diesem Kapitel möchte ich Sie nun dazu anregen, Ihre Wunschgeschichte zu erfinden. Und zwar gleichgültig, ob Sie mit Ihrer eigenen Geschichte zufrieden sind oder nicht – das ist ein gutes Training für Ihre kreativen Anteile und wird Ihnen Spaß machen.

Ist Ihnen eigentlich schon einmal aufgefallen, dass verschiedene Menschen ein und das selbe Ereignis meist völlig unterschiedlich schildern?

Das liegt daran, dass wir alles, was wir erfahren, durch unseren persönlichen Filter wahrnehmen.

Daher ist es auch höchst interessant, sich die unterschiedlichen Schilderungen von Geschwistern anzuhören, die ihre gemeinsamen Eltern jeweils ganz anders wahrnehmen, einschätzen und daher beschreiben.

Daher heißt es ja auch:
„Wir sehen die Dinge nicht so, wie sie sind, sondern so wie wir sind."

Das heißt aber zugleich, dass wir die Sichtweise, die wir zu unserem bisherigen Leben haben, ändern können. Einerseits, wenn die bisherige sich nicht so gut anfühlt (wie ich Ihnen in den letzten Kapiteln bereits empfohlen habe); andererseits, wenn wir neue Erkenntnisse und Einsichten hinzugewinnen, die uns eine neue Perspektive eröffnen – beispielsweise den Verlust eines Geschwisters.

Daher empfehle ich Ihnen nun, aus all dem, was Sie sich in Bezug auf die Themen der letzten Kapitel anders gewünscht hätten, nun Ihre Wunschgeschichte zu gestalten. Und zwar unter Miteinbeziehung der Tatsache, dass Sie eigentlich einen Zwilling (oder Drillinge) haben; der zwar nicht körperlich mit Ihnen auf die Welt gekommen ist, dessen Gegenwart in Ihrem Leben Sie aber durchaus wahrnehmen können.

Und bitte schreiben Sie diese Geschichte nieder – zuerst mit Ihrer rechten Hand, dann aber auch mit Ihrer linken, die Ihnen völlig neue Aspekte eröffnen wird! Sie werden sehen, wie wertvoll diese Niederschrift ist, wenn Sie in einiger Zeit wieder darin schmökern.

Zur Erinnerung:

Wie hätte meine ideale Empfängnis ausgesehen?
Gestalten Sie ein Bild von Ihrer Entstehung, das genau Ihrem Ideal entspricht! Vielleicht gemeinsam mit Ihrem Zwilling, wenn es ein eineiiger war, Sie also beide gemeinsam aus einer einzigen von einer Samenzelle Ihres Vaters befruchteten Eizelle Ihrer Mutter entstanden sind. Oder aber zeitversetzt, wenn Sie zweieiig waren.

Wie hätte meine ideale Schwangerschaft ausgesehen?
Gestalten Sie ein Bild von Ihrer Menschwerdung in der Schwangerschaft, das genau Ihrem Ideal entspricht. Und vergessen Sie dabei nicht, Ihren Zwilling (Ihre Drillinge) miteinzubeziehen!

Wie hätte meine ideale Geburt ausgesehen?
Gestalten Sie ein Bild von Ihrer Geburt, das genau Ihrem Ideal entspricht. Und vergessen Sie dabei nicht, Ihren Zwilling (Ihre Drillinge) miteinzubeziehen, der Sie durch diesen intensiven Prozess begleitet und Sie hier willkommen heißt!

Wie hätte meine ideale Kindheit ausgesehen?
Gestalten Sie ein Bild Ihrer frühen Kindheit, das genau Ihrem Ideal entspricht – gemeinsam mit Ihrem Zwilling, der Sie natürlich auch durch diese Jahre begleitet!

Wie hätte meine ideale Jugend ausgesehen?
Gestalten Sie ein Bild Ihrer Jugendzeit, das genau Ihrem Ideal entspricht – mit wundervollen Beziehungen und Begegnungen und mit einer Entwicklung, die genau Ihren Wünschen entspricht. Auch hier vergessen Sie Ihren Zwilling nicht, der besonders in dieser Zeit ein herrlicher Buddy ist; ein echter Freund, der mit Ihnen durch Dick und Dünn geht und mit dem Sie alles besprechen können, was Ihnen auf dem Herzen liegt!

Wie sieht meine ideale Erwachsenenzeit aus?
Gestalten Sie ein Bild Ihrer aktuellen Lebensphase, das genau Ihrem Ideal entspricht – in dem Zustand, den ich als „Wohlstand" bezeichne. Ein Leben, in dem alles wohl steht – in dem Sie am richtigen Ort leben und der richtigen Arbeit nachgehen, die Sie erfüllt und Ihnen gutes Geld einbringt; in dem Sie die richtigen familiären Beziehungen haben und in der richtigen Lebenspartnerschaft glücklich und zufrieden sind; in dem Sie sich körperlich wohl, gesund und vital fühlen; in dem Sie sich in allen Lebensbereichen auf ideale Art und Weise entfalten können.

Und auch hier vergessen Sie Ihren Zwilling nicht, der auch aktuell gern Ihr bester Freund und Mentor ist, der Ihnen den Rücken stärkt, Sie ermutigt und stets in Ihrem gesunden Selbstwertgefühl bestätigt und bestärkt!

Und weil es so wichtig ist, wiederhole ich es hier noch einmal: schalten Sie zuvor Ihr Homo Sapiens Sapiens Gehirn ein und dann schreiben Sie zuerst mit Ihrer rechten Hand (wenn Sie Rechtshänder sind), um dann zu Ihrer linken Hand zu wechseln, die Ihnen vermutlich noch die eine oder andere überraschende Einsicht schenken wird!

Und schwelgen Sie in Ihrer Idealversion! Je öfter Sie das tun, umso mehr ersetzt diese Vision das, was Sie bisher als „Realität" empfunden haben; und was in Wahrheit ja nur Ihre sehr beschränkte Sichtweise der Realität war.

Schenken Sie sich eine neue, konstruktivere und angenehmere Sichtweise! Sie nehmen damit niemandem etwas weg – im Gegenteil: wenn Sie glücklicher, zufriedener und entspannter werden, profitieren auch andere davon, weil Sie sich dadurch eine viel angenehmere Ausstrahlung aneignen.

Da Ihr Gehirn nicht unterscheiden kann, ob Sie etwas tatsächlich erleben oder sich bloß vorstellen, können Sie in Ihrer Imagination tatsächlich eine neue Realität gestalten, die mehr und mehr die alte, schmerzhafte und belastende überschreibt – genauso funktioniert die Umprogrammierung der Nervenbahnen in Ihrem Gehirn.

„Dialog der Hände"

Nun möchte ich Ihnen diese großartige Technik zur Bewusstseinserweiterung, die ich bereits mehrmals erwähnt habe, erklären. Sie darf in keinem meiner Seminare und Bücher fehlen, weil sie uns so ein breites Spektrum an wundervollen Anwendungsmöglichkeiten eröffnet.

In unserem Zusammenhang empfehle ich Ihnen diesen Zweihand-Dialog im Speziellen:

* mit Ihrer Mutter (ob noch am Leben oder bereits gestorben),
* mit Ihrem verlorenen Zwilling,
* mit Ihrem inneren Kind,
* mit Ihrer inneren Mutter,
* mit Ihrer weisen Alten oder Ihrem weisen Alten
* und mit Ihrem Herzen als Sprachrohr für Ihre innere Stimme, Ihre Seele.

Aber zuerst möchte ich Ihnen eine kurze Einführung geben – wenn Sie tiefer in diese Materie eintauchen wollen, dann finden Sie eine ausführlichere Beschreibung und zahlreiche Anwendungsmöglichkeiten dieser Technik im Band 5 meiner Reihe „Hochsensibel das Leben meistern".

Der „Dialog der Hände" funktioniert, weil die Nervenbahnen zwischen Ihrem Körper und Ihrem Gehirn im Hals die Mittellinie kreuzen. So ist Ihre rechte (bei Rechtshändern dominante) Hand mit Ihrer linken Gehirnhälfte verbunden; und Ihre linke Hand verschafft Ihnen Zugang zu Ihrer rechten Gehirnhälfte – und damit zu Inhalten Ihrer kreativen, zeitlosen, ganzheitlich wahrnehmenden und in Bildern und Metaphern spielenden Hemisphäre.

Diese Hemisphäre ist übrigens auch stärker mit Ihrem organischen Herzen verbunden, und daher mit Ihrer inneren Stimme; und sie schenkt Ihnen auch einen direkteren Zugang zu Ihrem transpersonalen Potenzial (und daher auch zu Verstorbenen und anderen Wesenheiten in anderen Dimensionen) als Ihre linke Gehirnhälfte.

Dieser Zweihand-Dialog funktioniert auf Seelen-Ebene, hilft Ihnen also unter anderem auch, Ihr Ego zu überwinden. Das ist in der verbalen Kommunikation oft sehr wesentlich, weil Sie damit die

Tatsachen objektiver und gerechter einschätzen können. Das liegt vor allem daran, dass Ihre Gedächtnisinhalte in der rechten Gehirnhälfte nicht so an Ihr Selbstbild gebunden sind; Sie damit also nicht nur subjektiv Ihre eigene Befindlichkeit wahrnehmen, sondern auch jene Ihres Gegenübers.

Im Grunde können Sie mit dieser Technik den Austausch mit jedem Gegenüber aufnehmen, das Ihnen interessant erscheint.

Dieser verbale Austausch funktioniert sowohl mit einer Person, mit der Sie sich durchaus auch direkt austauschen können – also in unserem Zusammenhang mit Ihrer Mutter, wenn diese noch lebt und Ihnen zugänglich ist. Aber auch mit einem Menschen, der Ihnen nicht direkt zugänglich ist – nicht mehr zugänglich wie ein Verstorbener (wie Ihr verlorener Zwilling oder Ihre Mutter, wenn diese nicht mehr lebt); oder auch räumlich nicht zugänglich wie jemand, der in der Ferne lebt und nicht direkt für Sie erreichbar ist. Darüber hinaus mit verschiedenen Persönlichkeitsanteilen – mit Ihrem inneren Kind, Ihrer weisen Instanz, Ihrer inneren Mutter.

Es mag sein, dass sich bei meiner Beschreibung Zweifel in Ihnen melden; das macht nichts. Mir schien diese Technik zuerst auch höchst merkwürdig, aber die eigene Erfahrung damit hat mich restlos überzeugt. Und ich verspreche Ihnen, dass auch Sie enorm von diesem Spiel profitieren werden, wenn es Ihnen gelingt, Ihre anfängliche Skepsis zu überwinden. Sowohl die inhaltlichen Ergebnisse als auch die Berührung, die Sie in vielen Anwendungen erfassen wird, werden Sie überzeugen.

Interessanterweise durfte ich in meinen Seminaren immer wieder miterleben, wie gerade die kritischen Skeptiker in meinen Gruppen die großartigsten Ergebnisse hatten; und vor allem dann, wenn sie damit Kontakt mit lieben Verstorbenen aufgenommen hatten, feuchte Augen hatten oder gar in Tränen aufgelöst waren.

Das liegt vermutlich daran, dass diese Menschen sich aufgrund ihrer Zweifel nicht so sehr unter Druck gesetzt haben wie jene, die nach meiner begeisterten Erzählung schon ganz gespannt waren auf ihre tollen geistigen Ergüsse – und dann oft mehrere Versuche brauchten, um die erwünschten Ergebnisse zu erzielen.

Probieren Sie dieses Spiel auch dann, wenn es Ihnen auf den ersten Blick absurd erscheint! Gerade dann werden Sie die eine oder andere tolle Überraschung erleben.

Sie finden über den „Dialog der Hände" einfach Zugang zu höchst wertvollen Bewusstseinsinhalten, die Sie mit Ihrer rechten Hand nicht erreichen können.

„Dialog der Hände"

Ich schreibe mit meiner rechten Hand einen Brief an das Gegenüber, mit dem ich kommunizieren möchte, und lasse dieses über meine linke Hand antworten.

In meinem Buch „Alleingeborener Zwilling" finden Sie auch einige Kostproben meines Dialoges mit meinem Zwillingsbruder – vielleicht sind auch für Sie wertvolle Einsichten dabei. Jedenfalls wird aber Ihr persönlicher „Dialog der Hände" Ihnen wertvolle Einsichten und Erkenntnisse schenken.

In den folgenden Kapiteln empfehle ich Ihnen verschiedene Anwendungsmöglichkeiten, die sich besonders für unser Thema anbieten.

Wenn Sie Linkshänder sind, schreiben Sie jeweils beide Briefe mit Ihrer linken Hand und versetzen Sie sich bei der Antwort jeweils in Ihr Gegenüber!

Seelen-Dialog mit meiner Mutter

Die naheliegendste Anwendung ist natürlich der „Dialog der Hände" mit Ihrer Mutter; und zwar gleichgültig, ob diese noch lebt oder bereits heimgekehrt ist.

Wenn Ihre Mutter noch lebt, während Sie dieses Buch lesen, dann nehme ich an, dass Ihre Kommunikation nicht so rein und harmonisch abläuft, wie Sie sich das wünschen würden. Gerade dann wird der Dialog auf Seelenebene (und genau das ermöglicht Ihnen diese Technik ja) ungemein wertvoll sein.

Einerseits können Sie damit Missverständnisse ausräumen und Disharmonien klären. Andererseits erreichen Sie damit eine ganz neue Ebene des gegenseitigen Verständnisses – das sich interessanterweise auch auf Ihre alltägliche Kommunikation auf Ego-Ebene auswirken wird.

Wenn Sie bereits eine Familien-Aufstellung gemacht haben (oder auch davon gehört haben), dann wissen Sie, dass oft auch jene Menschen, die ohne ihr Wissen mit aufgestellt werden, unwillkürlich darauf reagieren und ihr Verhalten ändern.

Genauso ist es hier: wenn Sie den Seelen-Dialog mit Ihrer Mutter führen, indem Sie Ihre beiden Hände miteinbeziehen, dann wird sich das unweigerlich auf Ihre Mutter-Kind-Beziehung auswirken; auch dann. wenn Ihre Mutter keine Ahnung davon hat. Probieren Sie es einfach aus!

Was Sie Ihrer Mutter mit Ihrer rechten Hand schreiben, bleibt natürlich Ihnen überlassen – ich würde empfehlen, sich fürs Erste einmal alles von der Seele zu schreiben, was schon lange in Ihnen brodelt. Das wird sich enorm befreiend anfühlen. Sie müssen das ja nicht lieblos formulieren; aber seien Sie dennoch ehrlich und sprechen Sie offen über Ihre Gefühle, Ihre Enttäuschung, Ihre Einsamkeit, Ihre Trauer und was auch immer das Verhalten Ihrer Mutter in Ihnen ausgelöst hat.

Und dann leihen Sie Ihrer Mutter Ihre linke Hand und erlauben Sie ihr, Ihnen damit zu antworten…

Lassen Sie sich überraschen!

Ähnliches wird übrigens auch passieren, wenn Ihre Mutter bereits verstorben ist und Sie diesen Dialog bi-dimensional führen; also über die Regenbogenbrücke hinweg.

Legen Sie Ihre Zweifel beiseite und tun Sie für eine Weile so, als könnte diese spezielle Kommunikation funktionieren; oder aber beweisen Sie mir, dass ich Unrecht habe ☺. Mit welcher Motivation auch immer: erlauben Sie sich, sich selbst zu überraschen!

Und halten Sie bei dieser Variante Taschentücher bereit, denn die Erfahrung zeigt, dass gerade bei zu Lebzeiten noch gespannten Beziehungen der „Dialog der Hände" über die Grenzen hinweg sehr berührend ist.

Auch in diesem Fall schreiben Sie Ihrer Mutter mit Ihrer rechten Hand, all das, was Ihnen auf dem Herzen liegt; was Sie vielleicht schon über Jahrzehnte belastet hat; was Sie nicht verstehen konnten und immer noch nicht nachvollziehen können. Und was Sie nie ausgesprochen haben, so lange Ihre Mutter noch am Leben war.

Und dann lassen Sie Ihre Mutter Ihnen aus dem Jenseits über Ihre linke Hand antworten; auch wenn Ihnen das jetzt noch so schräg vorkommt!

Ich kann Ihnen nicht genau erklären, wie das funktioniert, aber ich habe Hunderte von Erfahrungen damit gemacht – eigene, direkt in Seminaren miterlebte und aus Erzählungen von Menschen, die offen genug waren, dieses Spiel zu versuchen. Wir wurden alle für unser Vertrauen entschädigt – und Sie werden es auch, wenn Sie sich für eine spannende und tief bewegende neue Erfahrung öffnen.

Und wenn Sie Lust haben, berichten Sie mir davon – ich freue mich über alle neuen Erfahrungen, die mir zukommen!

Übrigens würde es mich nicht wundern, wenn Ihre Mutter Ihnen eröffnet, dass auch sie ein alleingeborener Zwilling ist; denn dieses Phänomen ist familiär gehäuft. Was Ihnen natürlich eine weitere Dimension von Verständnis eröffnen wird…

Seelen-Dialog mit meinem jenseitigen Zwilling

Der „Dialog der Hände" ist unter anderem auch eine sehr wertvolle Möglichkeit, Ihre Alleingeburt zu verifizieren. Ob Sie sich nun in meiner Beschreibung und in den Indizien wiedergefunden haben oder nicht, versuchen Sie, die Kommunikation mit Ihrer jenseitigen zweiten Hälfte aufzunehmen! Sie haben dabei nichts zu verlieren, aber ungemein viel zu gewinnen.

Ehe Sie sich dafür öffnen, gönnen Sie sich am besten die Zwilling-Meditation, die ich Ihnen in einem früheren Kapitel empfohlen habe, um sich auf Ihren Zwilling (oder Ihre Drillinge) einzustimmen. Und dann schreiben Sie mit Ihrer rechten Hand all das, was Ihnen auf dem Herzen liegt!

Stellen Sie sich vor, Ihr Zwilling wäre gemeinsam mit Ihnen zur Welt gekommen, wäre aber dann von Ihnen entfernt worden – und nun würden Sie ihn endlich wiederfinden.

Was würden Sie ihm alles sagen, erzählen und fragen?

Erzählen Sie Ihrer anderen Hälfte, wie einsam Sie sich bisher ohne sie gefühlt haben; wie traurig es war, sie gehen zu lassen; wie sehr Sie sie Ihr ganzes Leben vergeblich gesucht haben; wie sehr Sie auf sie gewartet haben, ohne genau zu wissen, worauf Sie eigentlich warten.

Erzählen Sie ihr auch von Ihren Schuldgefühlen und Ihrem Gefühl, Sie müssten ihr Leben für sie mit leben und sich daher stets in Ihren eigenen Ansprüchen zurücknehmen.

Erzählen Sie ihr von Ihren Ängsten und Ihren Depressionen; und – wenn das auch bei Ihnen der Fall ist – von Ihrer Todesnähe und dem immer wieder aufkommenden Wunsch zu sterben.

Und dann lassen Sie Ihr Ebenbild über Ihre linke Hand antworten.

Die Erfahrungen, die ich bisher (sowohl bei mir selbst als auch von zahlreichen anderen mitgeteilt!) gesammelt habe, sind, dass unsere Zwillinge im Jenseits uns versichern, dass unsere Schuldgefühle keine Berechtigung haben, weil wir nicht für ihre frühe Heimkehr verantwortlich sind; sondern diese in unserem gemeinsamen Seelenplan festgelegt war.

Sie werden sehen, Ihr jenseitiger Zwilling wird Ihnen genau das versichern!

Damit kann endlich Ihr mangelndes Selbstwertgefühl heilen und Sie brauchen sich nicht mehr so unter Druck zu setzen, um sich Ihres Überlebt-Habens als wert zu erweisen.

Außerdem wird Ihr Zwilling Ihnen versichern, dass Sie nicht sein Leben für ihn mit zu leben brauchen, weil er trotz seiner frühen Heimkehr hier nichts versäumt hat. Ganz im Gegenteil wünscht er sich, dass Sie glücklich und erfolgreich Ihr eigenes Leben führen.

Vor allem auch, dass Sie eine zufriedene und auf allen Ebenen erfüllte Partnerschaft leben sollen, weil Sie sich keineswegs an ihn gebunden fühlen sollen. Denn das ist leider bei vielen Alleingeborenen der Fall: sie fühlen sich unbewusst an Ihren ungeborenen Zwilling gebunden und erlauben sich daher keine glücklichen Beziehungen, sondern bestenfalls Fern- oder Dreiecksbeziehungen und solche mit einem emotional oder mental nicht erreichbaren Du.

Aber Ihr Zwilling möchte das nicht für Sie. Er möchte Sie glücklich wissen. Das können Sie leicht nachvollziehen, wenn Sie sich vorstellen, Sie wären der früh heimgekehrte Zwilling gewesen.

Was würden Sie sich von Ihrer zur Welt gekommenen anderen Hälfte wünschen?
Was würden Sie sich für sie wünschen?

Sehen Sie? Und genau das wünschst sich Ihr jenseitiger Zwilling von Ihnen und für Sie – genauso wie jeder Zwilling sich das für seine gemeinsam geborene zweite Hälfte wünscht!

Und ich nehme an, dass er Ihnen auch verraten wird, dass er Sie seit Ihrer Geburt wie ein Begleit-Engel durchs Leben begleitet und auf Sie achtgibt; auch wenn Ihnen das bisher noch nicht bewusst war. Nun können Sie diese Verbindung fühlen und brauchen sich nie mehr einsam zu fühlen!

Seelen-Dialog mit meinem inneren Kind

Ein weiterer wichtiger Dialogpartner in unserem Zusammenhang ist Ihr inneres Kind, das ganz besonders unter dem Verlust seiner zweiten Hälfte gelitten hat; vor allem aber wohl unter der fehlenden Liebe, Fürsorge und Aufmerksamkeit Ihrer Mutter.

Also spielen Sie den „Dialog der Hände" mit diesem Persönlichkeitsanteil und schenken Sie ihm Ihre Wertschätzung und Liebe – dann heilt es ganz von selbst. Denn Ihr inneres Kind hat – ähnlich wie Ihr Körper – phantastische Selbstheilungskräfte. Es wünscht sich bloß Ihre Liebe, Fürsorge und Aufmerksamkeit; und diese können Sie ihm im Zweihand-Dialog auch in Worten schenken.

Versetzen Sie sich in diesen Persönlichkeitsanteil hinein und fragen Sie sich, was Sie sich an seiner Stelle von Ihrem erwachsenen Selbst wünschen würden. Und dann versichern Sie ihm genau das! Versprechen Sie ihm, dass Sie von nun an für ihn sorgen und ihm all das geben werden, was Sie in Ihrer frühen Kindheit – warum auch immer – nicht bekommen haben. Vor allem Ihre Aufmerksamkeit.

Und dann leihen Sie diesem Persönlichkeitsanteil Ihre linke Hand und lassen Sie sich überraschen...

Glauben Sie mir, Ihr Leben wird vielfältiger und spannender, wenn Sie Ihr inneres Kind wieder mehr mitspielen lassen; Sie finden wieder freien Zugang zu Ihrer Kreativität, die Ihnen möglicherweise irgendwann einmal aberzogen wurde; zu Ihrem Urvertrauen, das doch meist auf wackeligen Beinen steht; zu Ihrer Lebensfreude, die Ihnen auf dem Weg ins Erwachsenenleben verloren gegangen ist und zu Ihrer Begeisterung, die Sie sich als Erwachsener kaum mehr zugestehen, ganz besonders als hochsensibler alleingeborener Zwilling!

Wie viele Erwachsene kennen Sie, die sich so richtig für etwas begeistern können?
Und wie sieht das bei Ihnen aus?

Übrigens empfehle ich Ihnen generell, Ihr inneres Kind weit mehr in Ihre Lebensgestaltung mit einzubeziehen – wie eine Art weisen Mentor. Damit wird Ihr Alltag um vieles bunter, lebendiger und liebevoller. Auch das sollten Sie mir nicht glauben, sondern es selbst erfahren – beispielsweise indem Sie für eine gewisse Zeit das Kind in Ihnen stets bewusst an Ihrer Seite haben und es in alle wichtigen Entscheidungen mit einbeziehen.

Letztlich ist es nicht wichtig, warum Ihr inneres Kind zu kurz gekommen ist. Ob das nun tatsächlich daran lag, dass Ihre Mutter Ihnen nicht ihre ganze Aufmerksamkeit schenken konnte, wie ich Ihnen an früherer Stelle erklärt habe; oder aus irgendeinem anderen Grund.

Wichtig ist, dass Sie selbst jetzt die Bedürfnisse Ihres inneren Kindes wahr und ernst nehmen; dass Sie fühlen, was es braucht und ihm genau das geben – natürlich nach Maßgabe der Möglichkeiten.

Sind Sie bereit, ihm das zu versprechen?

Zuerst verbal über den Dialog der Hände; aber dann natürlich auch in der Realität.

Seelen-Dialog mit meiner inneren Mutter

Ein weiterer wichtiger Persönlichkeitsanteil ist Ihre innere Mutter. Ob Sie nun im Außen ein Kind (oder mehrere) haben oder nicht – dieser archetypische Teil Ihrer Persönlichkeit in Ihnen ist gern bereit, die Verantwortung für Ihr inneres Kind zu übernehmen; es also quasi zu adoptieren.

Damit können Sie Ihre äußere Mutter aus der Verantwortung entlassen. Wodurch sich die Beziehung zu Ihrer Mutter enorm entspannen wird; Sie werden sehen!

Das gilt übrigens nicht nur, wenn Sie eine Frau sind, also tatsächlich Mutter sind oder sein können. Sondern Sie haben auch als Mann diesen Persönlichkeitsanteil in sich. Ebenso wie Sie als Frau neben Ihrer inneren Mutter auch einen inneren Vater in sich tragen.

Überlegen Sie einfach, welche Rolle Ihre innere Mutter nun übernehmen soll und was sie dafür braucht! Und erklären Sie ihr das mit Ihrer rechten Hand!

Wobei ich eigentlich annehme, dass Ihre innere Mutter genau weiß, welche Rolle sie spielen soll; aber vielleicht ist es gut, sie daran zu erinnern. Anders ausgedrückt, dieses Potenzial wach zu küssen oder, etwas nüchterner ausgedrückt, zu aktivieren.

Und dann leihen Sie ihr Ihre linke Hand und geben Sie ihr die Möglichkeit, sich einzubringen!

Auch bei diesen Dialogen – und ich denke, es wird nicht bei einem bleiben! – werden Sie vermutlich die eine oder andere Überraschung erleben.

Seelen-Dialog mit meiner weisen Instanz

Auch dieser Persönlichkeitsanteil steht Ihnen als ungemein wertvoller Ratgeber, Tröster und Mentor zur Seite. Der weise Anteil in Ihnen ist der Mensch, der Sie in einigen Jahren geworden sein werden.

Eine schräge Annahme, meinen Sie?

Nun, theoretisch kann ich Sie verstehen, praktisch weiß ich aus unzähligen Erfahrungen, wie ungemein wertvoll und hilfreich dieser spezielle Austausch über den Zweihand-Dialog ist: vor wichtigen Entscheidungen; um einen kleinen Blick in die Zukunft zu werfen; um Bestätigung zu finden oder auch für eine kleine Kurskorrektur.

Allerdings gilt es, das Konzept linearer Zeit vorübergehend außer Acht zu lassen, um mit diesem Persönlichkeitsanteil in Verbindung zu kommen. Denn um die Kommunikation mit Ihrem oder Ihrer weisen Alten aufzunehmen, müssen Sie zumindest für die Zeit, in der Sie den „Dialog der Hände" mit Ihrem zukünftigen Selbst führen, so tun, als wäre Ihnen Ihre Zukunft ebenso zugänglich wie Ihre Vergangenheit.

Dieser Persönlichkeitsanteil antwortet niemals böse, streng und kritisch. Wenn dies dennoch passiert, dann hat sich eine andere Instanz eingemischt. Ihr weiser Alter und Ihre weise Alte reagieren stets nachsichtig, liebevoll, bestätigend, ermutigend und wertschätzend.

Im Zusammenhang mit diesem Teil Ihrer Persönlichkeit fällt mir übrigens die schöne Geschichte von Nadine Stair ein.

Sie stammt aus dem Herz erwärmenden Buch „Hühnersuppe für die Seele" von Canfield und Hansen.

Kennen Sie dieses?

Wenn nicht, dann möchte ich es Ihnen an dieser Stelle wärmstens ans Herz legen. Es ist eine wundervolle Sammlung von Endorphin-Ausschüttern und sollte meinem Gefühl nach auf jedem Nachtkästchen liegen.

Besonders gern mag ich darin die Erzählung von Nadine Stair, die im Alter von 85 gefragt wurde, was sie – wenn sie ihr Leben noch einmal leben könnte – anders machen würde. Ihre Antworten machen ziemlich nachdenklich.

Allerdings ist für mich dabei die Frage aufgetaucht, ob wir tatsächlich warten müssen, bis wir selbst alt und weise sind, um all das zu erkennen.

Was meinen Sie: gibt es vielleicht doch eine Möglichkeit, uns all dessen schon früher klar zu werden?

Ich meine, diese gibt es. Wir können über den „Dialog der Hände" Zugang zur Weisheit in uns gewinnen und uns von ihr Empfehlungen für eine kluge und das Leben bejahende Lebensgestaltung holen.

In unserem Zusammenhang scheint mir das besonders wertvoll zu sein, weil unsere weise Instanz uns gerne dabei helfen wird, uns mit unserer Mutter auszusöhnen.

Wenden Sie sich also an Ihre weise Alte oder Ihren weisen Alten und beziehen Sie diesen Persönlichkeitsanteil in Ihren Selbstheilungs-Prozess mit ein – insbesondere, wenn es um „Versöhnung" oder „Aussöhnung" geht!

Seelen-Dialog mit meiner inneren Stimme

Diesen Dialog können Sie mit Ihrem Herzen führen, das sich gern als Sprachrohr für Ihre Seele, Ihr höheres Selbst oder Ihren göttlichen Anteil zur Verfügung stellt. Sie erreichen damit jene Instanz, die Ihr Leben unbeeinträchtigt von Ihrem Ego aus einer höheren und weiseren Perspektive sieht und Ihnen hilft, es klug zu gestalten.

Ihr Herz ist vor allem in Zeiten, wo Sie vor einer Weggabelung stehen und nicht genau wissen, welche Variante die klügere ist, eine großartige Entscheidungsinstanz. Entscheidungen aus dem Herzen sind bekanntlich die klügeren – das wusste schon Saint-Exupérys kleiner Prinz.

Und in der Aussöhnung mit Ihrer Mutter beginnt für Sie eine neue Lebensphase; also verlassen Sie sich dabei auf Ihr Herz!

Dieses steht Ihnen generell zur Seite, wenn Ihnen nicht klar ist, was Sie von einer anderen Person halten sollen; und warum diese so oder so agiert und reagiert. Im Speziellen hilft Ihr Herz Ihnen, Ihre Mutter in ihrem nicht idealen Handeln und ihren Sie verwundenden Reaktionen besser zu verstehen – und aus diesem Verstehen Verständnis zu finden.

Kennen Sie eine bessere Instanz als Ihr Herz, wenn es um Liebe geht?

Wie Sie wissen, kommt Ihre linke Hand ja von Herzen und hilft Ihnen daher, dieses zu Wort kommen zu lassen. Und erfahrungsgemäß kommt meist etwas in Richtung:
„Schön, dass du endlich den Kontakt mit mir aufnimmst!".

Denn vermutlich hat Ihr Herz viele Jahrzehnte geduldig auf diesen Augenblick gewartet und ist nun glücklich, endlich zu Wort zu kommen. Und meist hat es Ihnen eine ganze Menge zu sagen. Also nehmen Sie sich ausreichend Zeit!

Auch bei diesem Dialog ist es wichtig, aufmerksam darauf zu achten, ob auch tatsächlich Ihr Herz geantwortet hat. Und dafür gibt es einige untrügliche Anzeichen: Ihr Herz schwingt immer im Ja und es antwortet immer liebevoll, sanft, nachsichtig, fürsorglich, tolerant. Ihr

Herz antwortet nie mit erhobenem Zeigefinger, nie belehrend, verurteilend, schulmeisterlich und schon gar nicht kritisierend.

Wenn also solche Töne auftauchen, dann hat sich wohl ein anderer Persönlichkeitsanteil eingemischt – meist Ihr innerer Kritiker, Ihr innerer Saboteur oder Ihr innerer Antreiber. Wenn dies der Fall ist, dann teilen Sie diesem freundlich aber bestimmt mit, dass Sie nicht ihn gerufen, sondern sich an Ihr Herz gewandt haben. Er möge seinen Beitrag liefern, soll dann aber wieder zur Seite treten, um Ihrem Herzen Raum zu geben.

Von einem interessanten Herzensbrief berichtete mir übrigens ein alles andere als romantisch veranlagter Jurist in den Sechzigern. Er kam zu mir in Beratung, weil er mit seinen Liebeswirren nicht klarkam.

Also empfahl ich ihm, über seine linke Hand sein Herz nach dieser Angebeteten zu befragen. Seine Reaktion, er wäre ohnehin so mit seinem Herzen verbunden und brauche daher diese Technik nicht, erfüllte mich mit Heiterkeit – und ich ließ sie nicht gelten. Und tatsächlich fügte er sich und spielte den „Dialog der Hände" mit seiner inneren Stimme.

Kurz darauf rief er mich an, um mir vollkommen aufgewühlt seinen Herzensbrief vorzulesen; der wirklich wunderschön war. Und den wir beide nicht in dieser Form von ihm erwartet hatten. Das Herz dieses eher kühlen, nüchternen und recht egoistischen Mannes sprach offenbar eine ganz andere Sprache.

Lassen Sie sich überraschen, was Ihr Herz Ihnen zu sagen hat – speziell im Zusammenhang mit Ihrer Mutter-Beziehung! Und beziehen Sie es möglichst intensiv in Ihren Selbstheilungs-Prozess mit ein!

Seelen-Brief an mich selbst

Den linkshändigen Seelen-Brief an mich selbst – der praktisch immer ein Liebesbrief ist! – biete ich praktisch in jedem meiner Seminare an und bin immer selig, wenn mir ein glückliches Feedback ins Haus flattert, nachdem meine Teilnehmenden ihn mit der Post bekommen haben. Vor allem, wenn ich lesen darf, dieser Brief sei „genau zum richtigen Zeitpunkt angekommen".

Eine Teilnehmerin beispielsweise rührte uns alle, als sie erzählte, ihr Liebesbrief vom letzten Seminar (ja, manche meiner Teilnehmer/innen kommen wieder ☺) wäre eine ganze Weile ungeöffnet auf Ihrem Schreibtisch gelegen, ehe sie ihn – nach dem Tod ihres Vaters – geöffnet hätte. Als sie dann unter Tränen ihren eigenen Liebesbrief las, fand sie darin genau das wieder, was ihr Vater ihr immer gegeben hatte: Liebe, Wertschätzung, Selbstachtung...

Anfangs reagieren alle verlegen, wenn ich dieses Spiel anrege – sich selbst einen Liebesbrief zu schreiben, klingt doch merkwürdig. Obwohl bereits in der Bibel steht, wir sollten unsere Nächsten so lieben wie uns selbst, haben wir alle verlernt, uns selbst lieb zu haben. Aber in meinen Augen ist Selbstliebe ein ganz wichtiger Faktor für ein erfülltes Leben – und dies gerade für hochsensible Alleingeborene, für die diese aufgrund des mangelnden Selbstwertgefühls eine ziemliche Herausforderung ist.

Daher bietet sich der „Dialog der Hände" dafür an, weil er im Schreiben über die linke Hand unseren inneren Kritiker weitgehend ausschaltet.

Also gönnen Sie sich diese Erfahrung, auch wenn es – in Zeiten von Internet, SMS und WhatsApp – vermutlich schon lange her ist (oder noch nie vorgekommen ist), dass Sie einen Liebesbrief geschrieben haben; und dies schon gar nicht an sich selbst.

Verwöhnen Sie sich und schreiben Sie sich selbst all das, was sie schon immer lesen wollten! Niemand außer Ihnen muss diesen Brief je lesen, aber Sie können eine Person Ihres Vertrauens bitten, Ihnen diesen Brief irgendwann zu schicken. Dann bekommen Sie ihn, wenn Sie schon gar nicht mehr damit rechnen – und es würde mich nicht wundern, wenn es auch bei Ihnen genau zum richtigen Zeitpunkt wäre.

Die Wahl meiner Mutter

Eine weitere schöne Möglichkeit, den „Dialog der Hände" miteinzubeziehen, ist es, mit der rechten Hand zu fragen:

Warum habe ich gerade diese Mutter für mich gewählt?
Warum habe ich mich entschieden, mich bei dieser Mutter zu inkarnieren?
Warum habe ich die entsprechenden Herausforderungen geplant?
Was wollte ich in dieser Beziehung speziell lernen und entfalten?
Welche Aufgaben habe ich mir damit gestellt?
In welchem Zusammenhang steht sie mit dem Sinn meines Lebens?
Und wie weit habe ich aktuell die Aufgabe, die ich mir auf Seelen-Ebene im Zusammenhang mit ihr gestellt habe, schon erfüllt?
Was ist noch offen?

An dieser Stelle möchte ich Sie noch einmal an die bereits zitierte Geschichte „Eine kleine Seele spricht mit Gott" von Neale Donald Walsch erinnern und Ihnen empfehlen, diese zu lesen, ehe Sie nun Ihre linke Hand bitten, diese Fragen zu beantworten.

Sie können, wenn Ihnen bereits etwas dazu einfällt, natürlich auch mit der rechten Hand beginnen; aber jedenfalls wenn deren Schreibfluss zu stocken beginnt, sollten Sie zur linken Hand wechseln und mit dieser weiterschreiben.

Diese wird Ihnen erstaunliche und befriedende Antworten liefern, die Sie so sicher nicht erwartet haben. Einfach, weil sie Ihnen Zugang zu bisher verborgenen Bewusstseinsinhalten öffnet und damit zu einer tief verborgenen Weisheit.

Gemeinsamkeiten mit meiner Mutter

Zwischen meiner Schwester und mir gab es eine stehende Redewendung, wenn wir uns übereinander geärgert hatten und uns gezielt kränken wollten:

„Du bist schon wie unsere Mutter!"

Das tat über viele Jahre wirklich weh, denn es war ja wirklich als übles Schimpfwort gedacht – und fühlt sich auch so an.

Heute, wo ich Frieden mit unserer Mutter habe, denke ich natürlich anders darüber; und ich erkenne viele Dinge, die ich tatsächlich mit ihr gemeinsam habe. All das wollte ich früher, als ich noch „im Krieg" mit ihr war, natürlich nicht wahrhaben.

Abgesehen von unserem genetischen Material, über das wir uns auch mit der schlechtesten Mutter-Kind-Beziehung nicht hinwegsetzen können, teilen wir doch alle zumindest einige Eigenschaften, Einstellungen, Reaktionen, Charaktermerkmale, Überzeugungen und Interessen mit der Frau, die uns das Leben geschenkt hat.

Auch diese Ausdrucksweise hat mir früher sauer aufgestoßen, denn in meinen schwer depressiven Zeiten (diese sind leider sehr typisch für eine alleingeborene HSP) konnte ich mein Leben kaum als Geschenk empfinden.

Heute jedoch kann ich meiner Mutter wirklich dankbar sein, dass sie uns beide zur Welt gebracht und all die Herausforderungen auf sich genommen hat, die mit mir und meiner Schwester verbunden waren.

Da ich nicht weiß, wo Sie gerade in Ihrem Selbstheilungs-Prozess stehen, kann ich natürlich nicht beurteilen, wie Sie diesen Vergleich empfinden. Dennoch möchte ich Ihnen ans Herz legen, sich für die Gemeinsamkeiten mit Ihrer Mutter zu öffnen und diese bewusst wahrzunehmen.

Vor allem fände ich es sinnvoll, jene Dinge zu hinterfragen, die Sie an Ihrer Mutter ablehnen, ja sogar hassen. Bei der nötigen Ehrlichkeit werden Sie diese vermutlich – zumindest im Ansatz – auch in sich selbst wiederfinden. Oder aber das sind Dinge, die Sie generell stark ablehnen.

Ein Spiegel zeigt uns sowohl das, was wir auch ohne ihn direkt betrachten können: unsere Hände, unseren Bauch und unsere Extremitäten. Aber er zeigt uns auch das, was wir ohne ihn nicht sehen: unser Gesicht, unseren Hinterkopf und unseren Rücken.

Und ähnlich ist es in der Spiegelung durch andere: sie zeigen uns das, was wir mit der nötigen Selbstehrlichkeit auch in uns wiederfinden können; aber auch das, was wir definitiv nicht an uns erkennen können. Und das sind dann meist jene Dinge, die wir extrem ablehnen.

Lassen Sie mich ein Beispiel zur Verdeutlichung bringen: wenn Sie ein extrem pünktlicher Mensch sind, der es hasst, wenn man ihn warten lässt, dann ist anzunehmen, dass Sie sich immer wieder mit Personen konfrontieren, die in ihrer chronischen Unpünktlichkeit genau das tun.

Diese Spiegelung zeigt Ihnen also nicht das, was Sie bewusst auch in sich tragen; sondern das, was Sie stark ablehnen. Und vermutlich tun Sie dies vor allem deshalb, weil ein Teil in Ihnen auch so gerne mal unpünktlich wäre; Sie sich das aber nicht erlauben.

Überprüfen Sie daher, welche Eigenschaften, Charaktermerkmale und Reaktionen Sie tatsächlich mit Ihrer Mutter gemeinsam haben; und welche Sie in der gegenteiligen Ausprägung in sich wiederfinden – quasi als Reaktion auf das, was Sie an Ihrer Mutter stört.

Listen Sie all das auf, was Sie an Ihrer Mutter irritiert, Ihnen auf die Nerven geht und was Sie beim besten Willen nicht verstehen können. Und dann nehmen Sie die Position eines Beobachters ein und schauen Sie sich selbst über die Schulter. Und hinterfragen Sie jeden einzelnen Punkt auf Ihrer Liste, ob Sie ihn nicht doch in irgendeiner Form auch in sich wiederfinden können. Oder ob es etwas ist, auf das Sie geradezu allergisch sind – und wenn ja: warum?

Aber listen Sie auch all das auf, was Sie an Ihrer Mutter mögen, was Sie wertschätzen und angenehm finden; ja was Sie vielleicht sogar bewundern können – wenn Sie sich das erlauben. Und auch all diese Dinge trachten Sie, in sich selbst wiederzufinden.

Auch bei all dem wird Ihnen übrigens Ihre linke Hand wertvolle Dienste erweisen, weil Sie Ihnen Zugang verschafft zu Erkenntnissen und Einsichten, die nicht von Ihrem Ego beeinträchtigt sind.

Hoffnungen und Ängste

Auch in diesem Kapitel empfehle ich Ihnen, beide Hände miteinzubeziehen, wenn Sie sich fragen:

Welche Hoffnungen hege ich für meine Mutter?
Was wünsche ich mir für sie?

Und vergleichen Sie die Antworten Ihrer beiden Hände miteinander!

Dann fragen Sie sich:

Hege ich dieselben oder ähnliche Hoffnungen auch für mich?
Was wünsche ich mir für mich selbst?
Und was wünsche ich mir in meiner Mutterrolle, wenn diese auch für mich relevant ist?

Und wieder mögen Sie sich über die unterschiedlichen Antworten Ihrer beiden Hände wundern.

Dann tauchen Sie in die Tiefe und fragen Sie sich:

Welche Ängste habe ich in Bezug auf meine Mutter?
Was befürchte ich für sie?

Und vergleichen Sie die Antworten aus Ihren beiden Gehirnhälften!

Zuletzt fragen Sie sich:

Habe ich dieselben Ängste auch für mich?
Wovor habe ich Angst?
Was befürchte ich für mich?
Und welche Angst habe ich in Bezug auf meine Mutterrolle?

Achten Sie darauf, mit welcher Hand Sie mehr Parallelen finden!

Meine Mutter und ich

In diesem Kapitel habe ich wieder einige prozessorientierte Fragen für Sie – Fragen also, bei denen die verbale Antwort weniger wichtig ist, als der Prozess, den sie in Gang setzen. Lassen Sie sie also jeweils etwas in sich wirken, ehe Sie sie beantworten.

Beziehen Sie bitte wieder beide Hände mit ein; das heißt, schreiben Sie die jeweilige Antwort zuerst mit Ihrer rechten Hand nieder und lassen Sie dann auch Ihre linke Hand ihren Beitrag leisten. Und vergleichen Sie jeweils die beiden Antworten aus verschiedenen Bewusstseinsräumen!

Fragen Sie sich – nachdem Sie sich in den Homo Sapiens Sapiens Modus versetzt haben:

Was hat meine Mutter alles für mich getan – physisch, mental und emotional?

Was hat sie alles nicht für mich getan – physisch, mental und emotional?

Was konnte ich durch diesen Mangel lernen – oder was hätte ich daraus lernen können?

Welche Schwächen sind in der Auseinandersetzung mit meiner Mutter in mir zutage getreten?

Vor welche Herausforderungen hat mich die Beziehung mit meiner Mutter gestellt?

Welche Hindernisse musste – durfte – ich durch sie überwinden?

Vor welche Aufgaben hat sie mich gestellt?

Welche Hindernisse und Hürden hat sie mir in den Weg gestellt?

Welche Stärken durfte / musste ich dadurch entwickeln?

Mit welcher Verantwortung hat Sie mich belastet?

Welche Belastungen hat sie mir mitgegeben?

Womit hat sie mich überfordert?

Welche genetischen Veranlagungen?

Welche Entwicklungen hat es im Zusammenhang mit meiner Mutter in meinem Leben gegeben?

Welche Entwicklung steht jetzt an?

Was ist der nächste Schritt?

Was hat meine Mutter mir auf meinem Lebensweg an Positivem mitgegeben?

Was davon konnte ich annehmen und umsetzen?

Was davon könnte ich noch annehmen und umsetzen?

Warum habe ich gerade diese Mutter für mich gewählt?

Nein, ich habe nicht vergessen, dass ich Ihnen diese Frage schon einmal angeboten habe. Aber nach den Prozessen, welche diese Fragen vermutlich in Ihnen ausgelöst haben, könnte es durchaus sein, dass Sie nun eine andere Antwort bekommen.

Vor allem, wenn Sie die Antwort Ihrer linken Hand in Betracht ziehen.

Wünsche an meine ideale Mutter

Die Wünsche, die in diesem Kapitel zutage treten, mögen Ihnen illusorisch erscheinen; und in Bezug auf Ihre äußere Mutter gebe ich Ihnen Recht – diese werden Sie kaum ändern können.

Allerdings habe ich Ihnen ja bereits die zweihändige Auseinandersetzung mit Ihren inneren Mutter empfohlen – und diesen Persönlichkeitsanteil können Sie nach Ihren Wünschen, Bedürfnissen und Ansprüchen modellieren.

Dazu ist es aber nötig, möglichst genau zu wissen, was Sie sich von ihr wünschen, welche Bedürfnisse Sie erfüllt haben wollen und welche Ansprüche Sie an sie stellen. Daher fragen Sie sich – wieder über beide Hände:

In welchem Lebensbereich wünsche ich mir mehr Bestätigung?

In welchen Belangen meines Lebens wünsche ich mir mehr Trost und Zuspruch?

Wobei brauche ich Ermutigung?

In welchem Zusammenhang wünsche ich mir mehr Nachsicht?

Wofür möchte ich Wertschätzung und Anerkennung ernten?

Für welche Leistungen möchte ich gelobt werden?

Wofür brauche ich ein offenes Ohr?

In welchem Lebensbereich möchte ich mehr Austausch und Kommunikation?

Wann wünsche ich mir mehr Interesse und Beteiligung?

In welchem Zusammenhang brauche ich Beruhigung?

Wo wünsche ich mir Aussöhnung und Frieden?

Und wieder vergleichen Sie die unterschiedlichen Antworten – und dann schenken Sie sich all das!

Dankbarkeit – Dankes-Ritual

Diese Empfehlung mag für manche unter Ihnen ziemlich anspruchsvoll sein – und genau das wäre sie vor einiger Zeit auch für mich gewesen. Daher habe ich Verständnis, wenn Sie dieses Kapitel einstweilen überspringen – vielleicht gelingt Ihnen dieses Ritual ja in einer Weile. Zwingen Sie sich nicht dazu, aber wenn Sie dafür bereit sind, wird es Ihnen sehr wohl tun.

Vergegenwärtigen Sie sich das Bild Ihrer Mutter und schauen Sie ihr tief in die Augen.
(Kennen Sie eigentlich die Augenfarbe Ihrer Mutter?)
Dabei lassen Sie – so weit Ihnen dies im Augenblick möglich ist – Dankbarkeit in sich aufkommen.
Danken Sie ihr, dass Ihr Körper durch ihren Körper geschaffen werden konnte.
Und danken Sie ihr für alles, was sie für Sie getan hat.

Wenn Ihnen dies (noch) nicht möglich ist, dann stellen Sie sich vor, wie eine gute Fee, ein Engel, ein guter Geist, Ihre Seele oder Gott in Ihrer Vertretung Ihrer Mutter Ihre Dankbarkeit versichert.

Dafür sehen Sie Ihr aus tiefstem Herzen all ihr Versagen, ihre Schwäche, ihre Mängel und Fehler nach und sagen Sie ihr, dass Sie nun den Sinn hinter den Herausforderungen, mit denen Sie durch sie fertig werden mussten, wirklich verstehen und anerkennen können.

Auch das können Sie, wenn es Ihnen im Augenblick (noch) nicht möglich ist, an eine geistige Wesenheit delegieren und diese bitten, Ihrer Mutter all das nachzusehen.

Und wie auch immer die Beziehung zu Ihrer Mutter war und ist, gestehen Sie sich ein, wie wichtig es ist, die Wahrheit über diese Beziehung in all ihren Auswirkungen auf Sie anzuerkennen.

Aussöhnung mit meiner Mutter

Wie ich anfangs bereits erwähnt habe, mag ich das Konzept der Vergebung nicht besonders, weil es immer davon ausgeht, dass etwas falsch gelaufen ist und jemand einen Fehler gemacht hat, den es jetzt zu vergeben gilt.

Da ich der Ansicht bin, dass ein Fehler, aus dem wir gelernt haben, kein Fehler mehr ist, sondern eine Erfahrung, gefällt mir das Konzept der Aussöhnung besser. Sie funktionier, anders als Vergebung – die immer ein Gefälle impliziert, weil der Vergebende stets über dem steht, dem vergeben wird – auf Augenhöhe.

Hier sind einige Beispiele zur Inspiration – einige mögen auch für Sie gelten, andere nicht; und es gibt sicher Dinge, die nicht auf meiner Liste sind, die Sie aber betreffen. Spielen Sie mit all dem, was Ihnen hier einfällt.

Und wenn sich das für Sie stimmig anfühlt, sehen Sie Ihre Mutter vor Ihrem geistigen Auge und sagen Sie ihr diese oder ähnliche Sätze. Wenn Sie das nicht selbst tun können oder wollen, dann delegieren Sie diese Nachsicht wieder an eine geistige Wesenheit!

Oder auch an Ihre weise Alte oder Ihren weisen Alten. Ihre Zukunfts-Version wird sich vermutlich leichter tun mit dieser Aussöhnung – das kann ich Ihnen aus eigener Erfahrung versprechen.

Obwohl ich die längste Zeit meines Lebens hart an der Beziehung mit meiner Mutter gearbeitet habe (ja, früher habe ich Persönlich-keitsentfaltung immer als „Arbeit" bezeichnet, während ich heute lieber vom „Spielen" spreche, weil ich damit mein inneres Kind mit im Boot habe!), und obwohl ich immer wieder den Eindruck hatte, ich hätte es nun endlich geschafft, Frieden zu schaffen zwischen uns beiden, ist mir wirklich nachhaltige Aussöhnung erst gelungen, seit mir die Hintergründe klar sind. Erst mit der Einsicht in meine Allein-geburt konnte ich Verständnis für meine Mutter gewinnen und ihr all das, womit sie mir Leid verursacht hat, nachsehen.

Und ich wünsche mir für Sie, dass die Einsichten, die Sie dank die-sem Buch gewinnen, auch Ihnen helfen, Ihre Mutter-Beziehung zu heilen.

Also vergegenwärtigen Sie sich Ihre Mutter und versichern Sie ihr selbst all das oder Ähnliches; oder delegieren Sie diese Versicherungen an ein Wesen, das sich damit leichter tut!

Ich sehe dir nach, dass du mich zu wenig oder gar nicht wichtig genommen hast.

Ich sehe dir nach, dass du mir nicht alles geben konntest, was ich gebraucht hätte.

Ich sehe dir nach, dass du mir nicht zugehört hast.

Ich sehe dir nach, dass du mich wenig oder gar nicht geliebt, angenommen und wertgeschätzt hast.

Ich sehe dir nach, dass du dein wahres Wesen vor mir versteckt und dich verstellt hast, um die Erwartungen anderer zu erfüllen.

Ich sehe dir nach, dass du oft achtlos mit mir umgegangen bist und mir die Fürsorge, die du anderen sehr wohl zukommen hast lassen, versagt hast.

Ich sehe dir nach, dass du mich immer wieder klein gemacht hast.

Ich sehe dir nach, dass du mich immer wieder verleugnet hast.

Ich sehe dir nach, dass du dich zu wenig um mich gekümmert hast.

Ich sehe dir nach, dass du mir zu wenig gegeben hast.

Ich sehe dir nach, dass du mir zu wenig Zeit gewidmet hast.

Ich sehe dir nach, dass du mir zu wenig Aufmerksamkeit geschenkt hast.

Ich sehe dir nach, dass du mir zu wenig Fürsorge zukommen hast lassen.

Ich sehe dir nach, dass du meine Ansprüche nicht erfüllt hast.

Ich sehe dir nach, dass du mein inneres Kind vernachlässigt hast.

Was noch alles?

Lassen Sie auch dieses Ritual eine Weile in sich nachwirken und fühlen Sie dann den tiefen Frieden in sich…

Meditative Zusammenfassung

Wenn Sie Lust haben, die letzten Kapitel in einer Art meditativer Zusammenfassung abzuschließen, können Sie wieder meinen Text nützen oder sich davon inspirieren lassen, um Ihre eigenen Formulierungen zu finden. Sprechen Sie Ihren Text auf Band oder bitten Sie eine Person Ihres Vertrauens, Sie möglichst langsam durch diese Meditation zu begleiten. Pausen sind wichtig, damit Sie genügend Zeit haben, die dadurch ausgelösten emotionalen Prozesse in Ruhe zu durchlaufen!

Atmen Sie eine Weile tiefer als sonst, entspannen Sie sich, holen Sie sich Licht in Ihr Stirnhirn und lächeln Sie.

Während ich in einer bequemen Position sitze oder liege, vergegenwärtige ich mir vor meinem geistigen Auge das Bild meiner Mutter und lasse es eine Weile auf mich wirken.

Dann frage ich mich, welche drei Dinge ich am meisten an ihr liebe? Und welche drei Dinge hasse ich an ihr am meisten? Nun lasse ich drei Hoffnungen, die ich für sie hege, in meinem Bewusstsein aufsteigen. Zuletzt finde ich drei Ängste, die ich in Bezug auf sie habe.

In einem nächsten Schritt erforsche ich, in wieweit all die Eigenschaften und Triebkräfte, die ich an meiner Mutter sehe, auch Teile von mir selbst sind; Teile, die anzuerkennen und zu „besitzen" ich vielleicht ablehne. Wie steht es mit all dem, was ich an meiner Mutter hasse? Sind das wirklich Dinge, die mir selbst fremd sind? Oder kann ich da gewisse Ähnlichkeiten entdecken, Parallelen, eine Art Resonanz? Und wie ist es mit all dem, was ich an ihr liebe? Sind das nicht Dinge, die ich auch an mir selbst entdecken kann und vielleicht bisher noch viel zu wenig gewürdigt habe? Und hege ich dieselben oder ähnliche Hoffnungen, wie ich sie für meine Mutter habe, nicht auch für mich selbst? Und meine Ängste bezüglich meiner Mutter? Gibt es da nicht auch Parallelen zu jenen Ängsten, die ich für mich selbst habe?

Nachdem ich nun all dies erkannt habe, stelle ich mir eine Form des körperlichen Kontaktes mit meiner Mutter vor. Vielleicht, dass ich sie in meinen Armen wiege, ihr über den Kopf streiche, mich an sie leh-

ne oder sie an mich gelehnt spüre; sei es, dass ich ihre Füße massiere oder auch meine Hand auf ihren Bauch lege, dorthin, wo ich meine ersten Monate verbracht habe... ich finde jedenfalls einen Weg, mir diese intime körperliche Verbindung und Berührung tatsächlich vorzustellen und zu spüren. Und ich achte aufmerksam darauf, wie ich mich dabei fühle, wie es mir dabei geht.

Dann lasse ich die Vorstellung der Berührung meiner Mutter wieder los und sehe sie wieder mir gegenüber. Dabei schaue ich ihr in die Augen und suche mich tief in ihnen, um die Kraft und den Mut zu finden, ihr zu danken und ihr alles nachzusehen.

Ich danke ihr, dass mein Körper durch ihren Körper geschaffen werden konnte.
Ich danke ihr, dass sie mich geboren, genährt und umsorgt hat.
Und ich sehe ihr aus ganzem Herzen all ihr Versagen, ihre Schwächen, ihre Mängel und Fehler nach.
Ich sage ihr, dass ich die Herausforderungen, mit denen sie durch mich fertig werden musste, wirklich verstehe und danke ihr für alles.

Und wie auch immer meine Beziehung zu meiner Mutter ist, ich gestehe mir ein, dass es ungemein wichtig ist, die Wahrheit über diese Beziehung in ihren Auswirkungen auf mich anzuerkennen.

Lassen Sie auch diese Meditation eine Weile in sich nachwirken und achten Sie dann darauf, wie Sie sich fühlen; und was sich dadurch verändert hat.

Und wenn Ihre Mutter noch lebt, achten Sie darauf, wie sich Ihr Verhältnis zu ihr verändert hat und wie sich ihre Reaktionen Ihnen gegenüber verändert haben; obwohl sie vermutlich keine Ahnung von all dem hat, was Sie, angeregt durch dieses Buch, bespielt haben.

Einsichts-Meditation

Die Meditation, die ich Ihnen in diesem Kapitel anbiete, mag sich für Sie stimmig anfühlen, oder auch nicht. Da ich davon ausgehe, dass wir jeweils auf Seelen-Ebene die wichtigsten Begegnungen, Ereignisse und Herausforderungen für die nächste Inkarnation wählen, bin ich auch überzeugt, dass wir uns unsere Eltern, speziell unsere Mutter gezielt aussuchen. Wenn Sie mit mir einig sind, dann mag Ihnen die folgende Meditation wohltuenden Frieden bringen und Ihnen die Aussöhnung um vieles erleichtern.

Nützen Sie wieder meinen Text im Original oder lassen Sie sich davon inspirieren, um Ihre eigenen Formulierungen zu finden. Sprechen Sie Ihren Text auf Band oder bitten Sie eine Person Ihres Vertrauens, Sie möglichst langsam durch diese Meditation zu begleiten, damit Sie genügend Zeit haben, die dadurch ausgelösten emotionalen Prozesse in Ruhe zu durchlaufen!

Atmen Sie eine Weile tiefer als sonst, entspannen Sie, holen Sie sich Licht in Ihr Stirnhirn und lächeln Sie.

Während ich in einer bequemen Position sitze oder liege, vergegenwärtige ich mir vor meinem geistigen Auge das Bild meiner Mutter und betrachte es in allen Einzelheiten, um ein Gefühl für ihr Wesen zu bekommen. Wer ist meine Mutter? Wer ist sie wirklich? Warum habe ich gerade sie aus unzähligen Frauen als meine Mutter ausgewählt? Warum sollte gerade sie mich auf meinen ersten Schritten in dieses Leben begleiten?

Was ist meine Mutter für ein Mensch? Wie geht sie mit sich selbst um? Wie geht sie mit ihrem Leben um? Und wie geht sie mit anderen Menschen um? Welche Emotionen löst diese Muttergestalt in mir aus? Und wo kann ich diese Emotionen in mir wahrnehmen? Wo in meinem Körper konzentriert sich mein Mutter-Gefühl? Ich nehme dies möglichst genau und in allen Einzelheiten wahr. Welche Assoziationen kommen mir in den Sinn, wenn dieses Mutter-Gefühl in mir wirkt?

Nun frage ich mich, wie diese Frau zu dem Menschen geworden ist, als den ich meine Mutter sehe. Was weiß ich aus ihrer Kindheit? Ich lasse verschieden Bilder und Assoziationen aus dieser Zeit an meinem geistigen Auge vorüberziehen, die mir helfen, meine Mutter besser zu verstehen und mich leichter in sie einzufühlen. Wie kann ich einen direkteren Bezug zu ihr herstellen, als mir dies bisher möglich war? Ich verlasse mich darauf, dass mir genau die richtigen Bilder in den Sinn kommen, die ich jetzt brauche. Bilder von Szenen aus dem Leben meiner Mutter, die sie zu dem Menschen werden ließen, als den ich sie erlebt habe und auch noch heute erlebe; ob sie noch lebt oder nicht, und wie immer mein Kontakt zu ihr ist.

Wenn sie eher hart und kalt auf mich wirkt oder gewirkt hat, frage ich mich, warum sie so geworden ist. Wenn sie eher weich wirkt oder gewirkt hat, frage ich mich, woher das kommt. Ich suche in ihrer Biographie, soweit ich Einblick gewinnen kann, die Ursachen ihrer Reaktionen auf mich. Vor allem suche ich die Wurzeln und Auslöser jener Reaktionen und Handlungen, die mich verletzt haben, die mir weh getan, mir Angst vermittelt und mich unglücklich gemacht haben; Reaktionen, die ich nie richtig verstehen konnte, und von denen ich vielleicht glaube, dass sie mich in meiner Entwicklung eingeschränkt, gebremst und zurückgeworfen haben.

Haben wir tatsächlich meinen Zwilling verloren? Ist das die Ursache für die eigenartige Un-Beziehung zwischen uns? Für ihren Wunsch, mich zu lieben, dem sie aber nicht nachkommen konnte? Und für meinen vergeblichen Versuch, Ihre Liebe und Wertschätzung und Anerkennung und Fürsorge zu bekommen?

Während ich die scheinbaren Ursachen meiner eigenen Unzufriedenheit vor allem bei meiner Mutter suche, taucht aus meinen tiefsten Tiefen eine Erkenntnis auf; eine weise Einsicht, deren enorme Tragweite für mein folgendes Leben ich nun langsam zu ahnen beginne. Ich selbst, nur ich selbst bin für all das verantwortlich, was je in meinem Leben passiert ist; auch wenn es scheinbar von anderen Menschen verursacht und beeinflusst war. Ja, ich selbst habe auf Seelen-Ebene all die Begegnungen, alle Erfahrungen und Erlebnisse, all das, was mich zu dem Menschen gemacht hat, der ich heute bin, selbst gewählt. Ich habe mich dafür entschieden, ehe ich mich hier inkarniert habe.

Daher kann auch nur ich selbst all das wiedergutmachen, was in meinem Leben nicht so gelaufen ist, wie ich es gerne gehabt hätte. Und dazu gehört auch das Erleben im Zusammenhang mit meiner Mutter aus meinen ersten Anfängen in diesem Leben bis zum heutigen Tag. Ich erkenne, dass ich selbst aufgerufen bin, all das Alte wiedergutzumachen, indem ich nun den Platz meiner Mutter einnehme, um mir selbst von nun an all das zu geben, was ich mir von einer idealen Mutter erwartet hätte. Ich gebe mir Bestätigung, Trost, Zuspruch und Nachsicht. Ich gebe mir Anerkennung, Ermunterung und Lob; und ich schenke mir Wertschätzung, Bewunderung und bedingungslose Liebe.

Gedanklich gehe ich nun einiges von all dem durch: in welchem Lebensbereich wünsche ich mir Bestätigung? Genau diese Bestätigung gebe ich mir nun selbst. Und ich fühle in mich hinein, wie wohl mir das tut. Wo genau in meinem Körper kann ich diese Bestätigung fühlen? Und wie fühlt sie sich an?
In welchem Zusammenhang wünsche ich mir Ermunterung? Genau diese Ermunterung gebe ich mir nun selbst und fühle tief in mich hinein, wie wohl das tut. Wo genau kann ich meine Ermunterung fühlen? Und wie fühlt sie sich an?
In welchem Zusammenhang wünsche ich mir Nachsicht? Genau diese Nachsicht gebe ich mir nun selbst und fühle, wie wohl mir das tut. Wo genau fühle ich diese Nachsicht? Und wie fühlt sie sich an?
Wofür wünsche ich mir Bewunderung? Genau diese Bewunderung gebe ich mir nun selbst und fühle tief in mich hinein, wie wohl das tut. Wo genau kann ich meine Bewunderung fühlen? Und wie fühlt sie sich an?
Wo wünsche ich mir Versöhnung? Ich vergegenwärtige mir all die Bereiche, in denen mir Versöhnung wichtig wäre und erlebe diese – und fühle, wie wohl mir das tut. Wo genau kann ich diese Versöhnung fühlen? Und wie fühlt sie sich an?
In welchen Belangen wünsche ich mir Trost und Zuspruch? Genau diesen Trost und diesen Zuspruch gebe ich mir nun selbst und fühle tief in mich hinein, wie wohl das tut. Wo genau kann ich meinen Trost und meinen Zuspruch fühlen? Und wie fühlen sie sich an?
Wofür wünsche ich mir Anerkennung und Lob? Genau diese Anerkennung und dieses Lob gebe ich mir nun selbst und fühle, wie wohl mir das tut. Wo genau fühle ich dieses Lob und diese Anerkennung? Und wie fühlen sie sich an?
Wofür wünsche ich mir Wertschätzung? Genau diese Wertschätzung gebe ich mir nun selbst und fühle tief in mich hinein, wie wohl das tut. Wo genau kann ich meine Wertschätzung fühlen? Und wie fühlt sie sich an?

Nun öffne ich mein Herz-Chakra weit, ganz weit und schenke mir selbst bedingungslose Liebe. Ich hülle mich in strahlendes Licht ein, rosafarbenes, weißes, violettes oder auch goldenes Licht – genauso wie es mir angenehm ist. Ich umgebe mich mit einer strahlenden Licht-Liebes-Wolke und erfülle mich bis in alle Winkel meines Seins mit diesem Liebes-Licht. Ich schenke mir all die bedingungslose

Liebe, die ich mir wünsche und die ich verdient habe. Ich bade im hellstrahlenden Licht meiner bedingungslosen Liebe zu mir selbst – und tiefe Dankbarkeit erfüllt mich. Ich weiß nun, mein Leben liegt ganz und gar in meinen eigenen Händen. Ich habe alles, was ich brauche, um erfolgreich zu sein in dem Bemühen, mein Potenzial weitestgehend auszuschöpfen und der Mensch zu werden, als den meine Seele, mein Höheres Selbst mich gewünscht hat. Ich weiß nun, ich kann alles, was ich tief in meinem Herzen wirklich will. Ja, ich kann alles, was ich wirklich will.

Und in dieser Gewissheit, die mir vielleicht neu erscheint und doch uralt ist, und die ich nun endlich wiedergefunden habe, bin ich nun bereit, wieder zu meinem Alltagsdenken zurückzukehren. Erfüllt von der Gewissheit, dass ich alles kann, was ich wirklich will, öffne ich nun langsam die Augen, strecke mich und bin wieder ganz wach, herrlich erfrischt und zutiefst dankbar.

Lassen Sie auch diese Meditation eine Weile in sich nachwirken und achten Sie dann darauf, wie Sie sich fühlen; und was sich dadurch verändert hat.

Und wenn Ihre Mutter noch lebt, achten Sie darauf, wie sich Ihr Verhältnis zu ihr und ihre Reaktionen Ihnen gegenüber verändert haben, obwohl sie nichts von all dem weiß, was Sie - angeregt durch dieses Buch – alles in die Heilung gebracht haben.

Aber auch wenn Ihre Mutter bereits über die Regenbogenbrücke gegangen ist, können Sie die Wirkung dieser Meditation über den „Dialog der Hände" mit ihr verifizieren. Schreiben Sie Ihr mit Ihrer rechten Hand und dann leihen Sie ihr Ihre linke Hand und seien Sie gespannt auf die wundervoll heilsamen Antworten!

Geschenke aus dieser Beziehung

Auch hier möchte ich Ihnen ans Herz legen, den „Dialog der Hände" miteinzubeziehen, um zu erkennen, welche Geschenke, welche Gaben, Talente, Stärken und Potenziale Ihnen Ihre Mutter in dieses Leben mitgegeben hat. Seien es Talente, die sie Ihnen vererbt hat; die Ihnen also offenbar über das genetische Material zugekommen sind; seien es Talente und Stärken, die Sie entwickeln mussten (schöner ausgedrückt: durften), um die Herausforderungen zu meistern, vor die diese Beziehung Sie gestellt hat.

Welche Ihrer Gaben stehen im engen Zusammenhang mit Ihrer Mutter-Kind-Beziehung – und welche Aufgaben resultieren daraus?

Fragen Sie Ihre innere Stimme oder Ihre weise Instanz danach und erlauben Sie Ihrer linken Hand, Ihnen die vermutlich sehr erhellenden Antworten zu geben.

Da ich immer all das, was ich in meinen Seminaren weitergebe, auch selbst für mich anwende, habe ich natürlich auch diesbezüglich meine Seele gefragt – und die Antwort schien mir sehr plausibel und befriedend: ich sollte, so versicherte sie mir, die Gelegenheit haben, eine gesunde Mutter-Kind-Beziehung mit meiner Tochter aufbauen, ohne dafür ein ideales Vorbild zu haben.

Natürlich müssten Sie meine wunderbare Tochter fragen, ob und in wie weit mir dies gelungen ist. Ich vermute jedoch, dass ich ihr den Großteil dessen, womit meine Mutter mir Schmerz zugefügt hat, erspart habe. Ich war sicher nicht fehlerfrei, ganz im Gegenteil. Aber offenbar war ich kreativ genug, neue Fehler zu erfinden ☺.

Also fragen Sie sich – und Ihre linke Hand:

Welche Gaben habe ich meiner Mutter zu verdanken?
Welche Talente habe ich von meinen Vorfahren – und damit letztlich über sie – geerbt?
Welche Stärken zu entfalten, hat sie mich angeregt oder gezwungen?
Welche Potenziale – die vielleicht teilweise noch unerkannt in mir schlummern – lassen sich auf meine Mutter zurückführen?

Und vergessen Sie nicht, diese zu entfalten!

Assoziationen zu meiner Mutter

Die folgenden Assoziationen dienen unter anderem auch als Vorbereitung auf die energetische Abnabelung, die ich Ihnen im nächsten Kapitel empfehlen werde. Sie können aber auch an sich schon Harmonie in Ihre Beziehung zu Ihrer Mutter bringen.

Vergegenwärtigen Sie sich das Bild Ihrer Mutter in einer Situation, die Sie als charakteristisch empfinden (oder in einigen Szenen nacheinander) und betrachten Sie dieses Bild aufmerksam und unter Miteinbeziehung aller Sinnessysteme in allen Einzelheiten.

Sehen Sie Ihrer Mutter in die Augen und bekommen Sie ein Gefühl für ihr Wesen, indem Sie sich folgende Fragen stellen:

Wer ist meine Mutter wirklich?
Wie geht es mir mit ihr?
Was für ein Befinden löst sie in mir aus – wie genau fühlt sich das an?
Wäre meine Mutter eine Pflanze (Baum, Blume, Strauch…) was wäre sie?
Welches Tier assoziiere ich mit ihr?
Welche Farbe stellt sie für mich dar?
Welchen Klang (Musikstück, Naturklang…) assoziiere ich mit ihr?
Welcher Geruch passt zu meiner Mutter?
Welcher Geschmack?

Dann stelle ich mir dieselben Fragen auch zu mir selbst:

Wäre ich eine Pflanze (Baum, Blume, Strauch…) was wäre ich?
Welches Tier assoziiere ich mit mir?
Welche Farbe stelle ich für mich dar?
Welchen Klang (Musikstück, Naturklang…) assoziiere ich mit mir?
Welcher Geruch passt zu mir?
Welcher Geschmack?

Nachdem ich nun uns beide unter Miteinbeziehung all meiner Sinne charakterisiert habe, füge ich die jeweiligen Assoziationen zusammen und achte darauf, was passiert:

Wie passen die beiden Pflanzen zueinander?
Wie gehen die beiden Tiere miteinander um?

Wie klingt die Begegnung der beiden Klänge?
Wie geht es den beiden Farben miteinander?
Wie riecht und schmeckt die Mischung unserer beider Aromen?

Nachdem Sie nun die Beziehung zwischen Ihnen und Ihrer Mutter vor allem unter dem Einsatz Ihrer kreativen Anteile durchleuchtet haben, wenden Sie sich nun wieder an Ihren logisch-analytischen Geist und fragen Sie sich, was Ihnen all diese Gegenüberstellungen zu sagen haben:

Was kann ich daraus lernen?
Wie kann ich daraus profitieren?

Vor allem fragen Sie sich, was sich dort, wo es Differenzen und Konflikte gibt, ändern müsste, um Harmonie (wieder) herzustellen.

Wie können zwei miteinander unverträgliche Pflanzen doch zu einer gewissen Koexistenz gebracht werden?
Was wäre die Voraussetzung, um zwei unverträgliche Tiere miteinander Frieden finden zu lassen?
Wie könnten zwei nicht zueinander passende Farben nebeneinander bestehen?
Wie können zwei divergierende Aromen zusammenfinden?

Lassen Sie sich Zeit, um sich diese neue Harmonie bildlich vorzustellen und sich mit allen Sinnen in diesen neuen und wohltuenden Einklang einzufühlen!

Energetische Abnabelung

Die folgende Meditation bedeutet nicht, dass Sie sich von Ihrer Mutter trennen oder sie zurückweisen sollen. Sondern es geht lediglich darum, energetische Verbindungen zu Ihren Chakren, die ihre Funktion erfüllt haben und heute nicht mehr sinnvoll sind, zu lösen und sich aus überholten Bindungen zu befreien. Damit heben Sie Ihre Beziehung zu jener Frau, die Sie geboren hat, auf eine neue Ebene der Authentizität.

Auch nach dieser Meditation – wie bei den bisher in diesem Buch angebotenen – kann es durchaus sein, dass Ihre Mutter Ihnen gegenüber auf eine völlig neue Art und Weise reagiert; und zwar, ohne dass sie weiß warum; und ohne sich dessen bewusst zu werden.

Wie bei all meinen Meditationen empfehle ich Ihnen, meine Worte in der Originalfassung zu verwenden, wenn Sie in Resonanz damit schwingen; oder aber sich davon inspirieren zu lassen, um Ihre eigenen Formulierungen zu finden. Und entweder sprechen Sie diesen Text auf Band, um sich selbst durch diese Lösung zu begleiten; oder Sie bitten eine andere Person, ihn Ihnen vorzulesen – möglichst langsam, damit Sie die Gelegenheit haben, Ihre inneren Bilder zu gestalten.

Während ich in einer bequemen Position sitze oder liege, nehme ich meinen Körper bewusst wahr... ich spür an manchen Stellen die Unterlage, spür, wie sie mich trägt, wie ich getragen werde... vielleicht spür ich da und dort auch meine Kleidung... und ich nehme so viele Geräusche wahr, wie ich möchte... spür auch die Luft im Raum, den Geruch... es gibt jetzt nichts, was ich tun oder sein muss... ich löse mich und werde ganz still... eine Weile achte ich auf meinen Atem... spür die Luft an meinen Nasenflügeln vorbei streichen, ganz leicht und kühl... all meine Konzentration richtet sich auf das Einatmen... und auf das Ausatmen... jeder Atemzug vertieft mein Wohlbefinden mehr und immer mehr... und dieses Wohlbefinden breitet sich langsam durch meinen ganzen Körper aus... ich atme Ruhe ein und Spannung aus... ich atme Frieden und tiefe Stille ein und atme all die Sorgen meines Alltags aus... während ich einatme, erfüllt sich mein Körper mit Lebenskraft und frischer Energie... und während des Ausatmens wird meine Entspannung tiefer und immer tiefer... mein Körper wird diese gesunde Art des Atmens beibehalten, bis er seinen eigenen Rhythmus gefunden hat... und ich kann dies mit jedem

Atemzug mehr und mehr genießen... ich genieße mein Atmen und kann wahrnehmen, wie mein Körper sich immer tiefer entspannt... meine Muskeln sind mehr und mehr entspannt... mein Rücken... meine Beine... die Schultern und der Nacken... meine Arme und die Brust... mein ganzer Körper erfährt die wohltuende Wirkung meines gesunden Atmens... tiefe Stille erfüllt mich, während mein Körper in seiner Mitte ruht...

Und nun richte ich meine Aufmerksamkeit auf meine Mutter, stelle sie mir vor, wie sie mir gegenübersitzt oder steht... und betrachte sie in allen Einzelheiten. Welche Emotionen löst diese Muttergestalt in mir aus? Und wo vor allem kann ich diese Emotionen in mir wahrnehmen? Wo genau in meinem Körper konzentriert sich dieses Gefühl? Ich nehme mein Muttergefühl möglichst genau und in allen Einzelheiten wahr und achte sehr genau darauf, was es in mir auslöst? Wie geht es mir jetzt, da ich mir mein Mutter-Gefühl vergegenwärtige? Welche Assoziationen kommen mir dazu? Gibt es Bilder oder Symbole, die mir dazu einfallen? Kann ich eine Farbe mit meinem Mutter-Erlebnis assoziieren? Oder sind es mehrere? Welche Form passt zu dem Gefühl, das meine Mutter in mir auslöst? Welche Oberfläche? Welche Temperatur? Erlebe ich meine Mutter eher als kühl oder kalt? Oder als warm, ja heiß? Erlebe ich ihre Wirkung auf mich als weich oder als hart? Und welchen Klang assoziiere ich zu meinem Muttergefühl? Gibt es eine Stimme, die dazu passt? Und wenn ja: ist es die Stimme meiner Mutter oder eine andere? Eine weibliche oder männliche Stimme? Was sagt diese Stimme? Und verbinde ich einen Geschmack oder einen Geruch mit meinem Muttererleben? Ist es ihr eigener Geruch oder ein anderer? Nachdem ich mir mein Mutter-Gefühl in aller Deutlichkeit vergegenwärtigt habe, gehe ich gedanklich meine sieben Haupt-Chakren durch und achte darauf, wie jedes einzelne mit meiner Mutter verbunden ist. Diese Verbindung stelle ich mir bildlich vor – wie einen Faden, eine Schnur oder eine andere Verbindung, die meine Mutter mit einem meiner Chakren verbindet. Ich frage mich, wie genau diese Verbindungen aussehen und wie sie sich anfühlen...

Ich beginne mit meinem Wurzel-Chakra am unteren Ende meiner Wirbelsäule und frage mich: betrifft mein Mutter-Erlebnis meinen Körper? Versetzt es mich stark in Stress? Wirkt es sich auf meine Durchsetzungskraft aus, auf meine vitale Lebensenergie? Hat mein Mutter-Gefühl mit meinem Mangel an Urvertrauen zu tun? Löst es starke Aggressionen in mir aus oder Wut oder auch Angst? Spielt Gewalt eine Rolle? Und wenn ja: welche Art von Gewalt? Körperliche Gewalt oder psychische? Handelt es sich um offene Gewalt oder *eher um subtile, versteckte Gewalt? Schwächt mein Muttergefühl mich körperlich? Dann kann ich annehmen, dass es eine starke Verbindung zu meinem Wurzel-Chakra gibt, und ich mache mir ein Bild von dieser Verbindung – wie sieht sie aus? Und wie fühlt sie sich an?*

Nachdem ich das geklärt habe, wende ich mich meinem Sakral-Chakra etwas unterhalb meines Nabels zu und frage mich, wie sehr mein Mutter-Erlebnis meine Emotionen beeinflusst, meine Gefühle? Wie wirkt es sich auf meine zwischenmenschlichen Beziehungen aus? Schränkt es mich in meiner Kreativität ein? Spielt es eine Rolle im Zusammenhang mit meiner Sexualität? Betrifft es das Thema Berührung? Gibt es unerfüllte Sehnsüchte? Löst mein Mutter-Gefühl verstärkten und häufigen Harndrang aus? Wenn dies der Fall ist, gilt es, die Verbindung zwischen meinem Muttergefühl und meinem Sakral-Chakra zu lösen. Wie sieht diese aus? Und wie fühlt sie sich an?

Wenn dies geklärt ist, wende ich mich meinem Solarplexus-Chakra in der Magengrube zu und frage mich, ob sich mein Mutter-Erleben auf meine gesellschaftliche Position ausgewirkt hat oder noch immer auswirkt? Hat es mit Machtstreben zu tun? Mit übertriebenem Leistungswillen? Verlangt mein Mutter-Gefühl von mir, etwas zu „verdauen"? Erlebe ich meine Reaktion auf sie vor allem in der Magengrube, vielleicht sogar wie einen dumpfen Schlag? Löst mein Mutter-Erleben Verdauungsstörungen aus? Oder verdüstert sich dadurch meine allgemeine Stimmungslage? Dann besteht wohl eine starke Verbindung zu meinem Solarplexus-Chakra. Wie genau sieht diese aus? Und wie fühlt sie sich an?

Nachdem ich dies erkannt habe, wende ich mich meinem Herz-Chakra in der Mitte meiner Brust zu und frage mich, ob mein Mutter-Gefühl mich in meiner Liebesfähigkeit beeinflusst. Löst es Angst vor Verlust oder auch Trennungsschmerz aus? Geht es um Liebe, die Bedingungen stellt? Um unerfüllte Erwartungen? Um Abhängigkeit? Ist da in mir oder auch in ihr ein starkes Nein? Fühle ich mich von ihr angenommen? Macht mich mein Mutter-Erleben krank oder bricht es mir gar das Herz? Gibt es Schuldgefühle? Spielen Mitgefühl, Fürsorge und Verständnis eine Rolle – oder auch der Mangel dieser Emotionen? Dann besteht wohl eine starke Verbindung zu meinem Herz-Chakra, die es zu lösen gilt. Wie sieht diese Verbindung aus? Und wie fühlt sie sich an?

Wenn ich dies geklärt habe, wende ich mich meinem Hals-Chakra in der Gegend meines Kehlkopfes zu und frage mich, ob mein Mutter-

Erlebnis mich in meinem Selbstausdruck beeinflusst. Wie wirkt es sich auf meine Kommunikation aus? Auf meinen Austausch von Ideen? Meine Fähigkeit, mich mitzuteilen? Bringt es mich zum Weinen oder zum zwanghaften Lachen? Macht mich mein Mutter-Gefühl heiser? Löst es Husten oder Halsschmerzen aus? Bringt es mich zum Stottern? Dann besteht wohl eine Verbindung zu meinem Hals-Chakra. Wie sieht diese Verbindung aus? Und wie fühlt sie sich an?

Nachdem ich das erkannt habe, wende ich mich meinem Stirn-Chakra, meinem dritten Auge zu und frage mich, ob mein Mutter-Erleben mein klares Denken beeinträchtigt? Raubt es mir den Überblick, weil ich in seinem Einflussgebiet die Zusammenhänge nicht erfassen kann? Fühle ich mich in ihrer Gegenwart wie hypnotisiert? Fühle ich mich von ihr manipuliert? Spielen falsche Wertungen, Vorurteile und Voreingenommenheit eine Rolle? Ist Überheblichkeit im Spiel? Löst mein Mutter-Gefühl Kopfschmerzen in mir aus? Geht es um Kopflastigkeit, um eine Überbetonung des Intellektes und analytischer Fähigkeiten? Dann gilt es wohl, eine Verbindung zu meinem Stirn-Chakra zu lösen. Wie sieht diese aus? Und wie fühlt sie sich an?

Wenn dies geklärt ist, wende ich mich meinem Scheitel-Chakra zu und frage mich, ob durch mein Mutter-Erleben meine Verbindung zu meinem Höheren Selbst beeinträchtigt ist. Trübt es meine intuitiven Fähigkeiten? Bringt es mein Vertrauen in eine Höhere Macht ins Wanken? Fühle ich mich in ihrer Gegenwart leer und einsam? Dann ist wohl auch das Scheitel-Chakra betroffen.

Nachdem ich nun die einzelnen Verbindungen zu meinen Chakren identifiziert habe, visualisiere ich über meinem Kopf eine goldene Lichtkugel... ich stelle sie mir so groß und so leuchtend vor, wie es mir angenehm ist und lasse sie dann langsam zu mir herab sinken... wenn sie meinen Scheitel erreicht haben wird, wird sie sich aufteilen: in eine Lichtkugel, die in mein Scheitel-Chakra eintauchen und langsam entlang meiner Wirbelsäule hinunter gleiten wird, und in eine zweite Lichtkugel, die im Uhrzeigersinn um mich kreisen und durch meine Aura gleiten wird... diese Lichtkugel wird sanft die Verbindungen, die sich zwischen meiner Mutter und meinen Chakren festgesetzt haben, lösen... während die Lichtkugel, die durch mein Inneres gleitet, die Wunden, die dadurch vielleicht entstehen, mit bedingungsloser Liebe heilen wird... wenn es keine Verbindungen zwischen meinem Mutter-Gefühl und dem entsprechenden Chakra gibt, lasse ich die äußere Lichtkugel sanft durch meine Aura gleiten und sie reinigen und harmonisieren, während die innere Lichtkugel die

Verbindung zwischen dem Chakra und meinem Hauptenergiekanal entlang der Wirbelsäume reinigt und klärt... nach und nach gehe ich nun von oben nach unten durch meine sieben Haupt-Chakren, löse die Verbindungen und heile sofort die Wunden...

Ich beginne bei meinem Scheitel-Chakra. Wenn ich hier eine Verbindung erkennen konnte, achte ich, wie sich diese darstellt... ist sie wie ein zarter Faden oder eine Schnur? Ist sie eher wie eine Kette? Wie genau sieht die Verbindung zwischen meinem Mutter-Gefühl und meinem Scheitel-Chakra aus, wenn es eine solche gibt? Wie auch immer sie sich mir darstellt, ich löse sie sanft mit Hilfe der äußeren Lichtkugel und erlaube es der inneren Lichtkugel, die Wunde zu heilen... und wende dann meine Aufmerksamkeit meinem Stirn-Chakra zu... wenn hier eine Verbindung zu erkennen war, vergegenwärtige ich mir diese und erlaube der äußeren Lichtkugel, sie zu lösen, während die innere Lichtkugel die Wunde heilt... dann wende mich meinem Hals-Chakra zu... wie genau sieht die Verbindung aus? Meine äußere Lichtkugel löst sie behutsam, während meine innere Lichtkugel die Wunde heilt... nun wende ich mich meinem Herz-Chakra zu, achte genau auf die Verbindung... dann lasse ich sie auflösen und die Wunde mit bedingungsloser Liebe heilen... und meine Aufmerksamkeit wandert weiter zu meinem Solarplexus-Chakra, ich achte auf seine Verbindung zu meinem Mutter-Gefühl... löse sie mit der äußeren Lichtkugel und erlaube der inneren Lichtkugel die Wunde zu heilen... dann wende ich mich meinem Sakral-Chakra zu, vergegenwärtige mir seine Verbindung zu meinem Mutter-Erleben, erlaube mir, sie zu fühlen... löse sie sanft, während die Wunde geheilt wird... schließlich wende ich mich meinem Wurzel-Chakra zu, sehe mir die Verbindung genau an... löse sie mit meiner äußeren Lichtkugel und lasse meine innere Lichtkugel die Wunde heilen...

Wenn alle Verbindungen gelöst und alle Wunden geheilt sind, hülle ich mich in eine strahlende Aura aus Licht und Liebe ein... wie in einem strahlenden Lichtkokon bin ich nun geborgen... und ich atme diese Liebe ein... durch meine Lungen und durch meine Haut... atme Liebe ein und alles, was ich nicht mehr brauche, aus... all die alten Wunden und Verletzungen... aber auch alle alten Glaubenssätze und einschränkenden Verhaltensmuster... jeder Atemzug erfüllt mich mehr und mehr mit bedingungsloser Liebe und befreit mich von alten Schlacken... und tiefe Dankbarkeit erfüllt mich... Dankbarkeit dafür, dass ich die energieraubenden und mich klein machenden Verbindungen zu meiner Mutter lösen und die Wunden heilen konnte...

Die beiden Lichtkugeln haben sich unterhalb meines Wurzel-Chakras wieder miteinander verbunden und versenken nun all die Schlackenstoffe, die sie aus meinem feinstofflichen System gelöst haben, in die Erde, wo sie geläutert und zu Vitalstoffen umgewandelt werden...

Nun bitte ich mein Höheres Selbst, in Zukunft darauf zu achten, dass nicht aus Schuldgefühlen oder anderen negativen Emotionen neue kräftezehrende Verbindungen zu meiner Mutter entstehen... meine Mutter hat ihre Aufgabe so gut es ihr möglich war, erfüllt, aber nun entlasse ich sie aus ihrer Verantwortung... von nun an bin ich ganz allein für mich selbst verantwortlich... und mein Höheres Selbst wird mir dabei helfen, diese Verantwortung auch reif und liebevoll zu tragen... und in dem tiefen Vertrauen, dass mir diese Bitte erfüllt wird, danke ich bereits im Voraus... ich neige mich in Demut und kehre langsam wieder zu meinem Alltagsbewusstsein zurück... dort erkenne ich erleichtert, dass mein Mutter-Erlebnis seine Schmerzhaftigkeit und mich einschränkende Bedrückung für mich verloren hat, dass ich alles Belastende loslassen kann und ab nun frei bin, mich selbst zu leben und bedingungslos zu lieben...

Ich öffne langsam die Augen, nehme meinen tief entspannten Körper wieder in Besitz, strecke mich behaglich und bin wieder ganz wach, herrlich erfrischt und zutiefst erleichtert in der neu gewonnenen Freiheit...

Auch diese Meditation möchte in Ihnen nachwirken, daher wäre es gar nicht schlecht, wenn Sie sie vor dem Einschlafen zelebrieren würden. Und es ist auch nicht verkehrt, sie sich mehrmals zu gönnen, denn es kann sein, dass sich diese energetischen Verbindungen beim ersten Mal nicht alle lösen lassen; oder auch dass sich nach einer Weile neue schließen, die noch einmal eine Lösung erfordern.

Aber glauben Sie mir, der wohltuend befreiende Effekt ist den Einsatz allemal wert – das werden Sie deutlich fühlen können. Und wieder sollten Sie darauf achten, wie sich dadurch Ihr Verhältnis zu Ihrer Mutter verändert hat. Auch wenn diese nicht weiß, dass Sie die alten, überholten energetischen Verbindungen zu ihr gelöst haben.

Und wenn Ihre Mutter bereits über die Regenbogenbrücke gegangen ist, verifizieren Sie die Wirkung dieser Meditation über den „Dialog der Hände" mit ihr.

In mein „Ja" gehen

Das Ja und das Nein sind für mich mehr als bloß Worte, die wir sagen oder auch nicht. Vielmehr stehen sie für zwei gegensätzliche Lebenseinstellungen; und daraus folgend die entsprechenden Schwingungen, die wir über unser Herzfeld auch nach außen hin ausstrahlen. Forscher des „Heart Math Institutes" um Doc Childre haben das elektromagnetische Feld um unser Herz, das weit stärker ist als das um unser Gehirn, Anfang der neunziger Jahre nachgewiesen. Wenn Sie Näheres dazu in Erfahrung bringen wollen, darf ich Sie auf die großartigen Bücher von Doc Childre und seinen Forscher-Kollegen in diesem amerikanischen Institut hinweisen.

Das Nein – in meiner Terminologie das „im Nein Sein" – ist für mich Ausdruck einer abwehrenden Vermeidungshaltung unseres Überlebenszentrums und daher mit einer negativen und auf Dauer gesundheitsschädlichen Körper-Chemie verbunden: wir schütten darin Stresshormone aus, die uns auf Kampf oder Flucht einstimmen (die in unserem Leben kaum je sinnvoll sind!) und uns auf Dauer nicht nur unglücklich und unproduktiv machen, sondern auch krank.

Das Ja – in meinen Worten das „im Ja Sein" – ist hingegen Ausdruck einer annehmenden Lebenshaltung, die mit einer positiven Körper-Chemie verbunden ist und uns unser gesamtes menschliches Potenzial – physisch, mental und emotional! – zugänglich macht. Unter dem Einfluss unserer Glückshormone sind wir produktiver, erfolgreicher, glücklicher und gesünder.

Das „im Nein Sein" wirkt sich besonders fatal aus, wenn wir uns damit auf uns selbst beziehen; wenn wir also „im Nein zu mir" sind. Dieses wirkt deshalb so lebensfeindlich, weil darin zur an sich schon fatalen Abwehrhaltung noch hinzu kommt, dass wir dann auch noch das Opfer unserer eigenen Ablehnung sind. Und unser Unterbewusstsein nimmt das deutlich wahr.

Unser „Ja zu mir" hingegen wirkt sich doppelt förderlich aus – auf unsere körperliche Gesundheit, unser emotionales Wohlbefinden und unsere mentalen Fähigkeiten; aber auch unsere Produktivität und Effizienz in allen Lebensbereichen wird davon profitieren. Und wenn wir auch noch selbst in den Genuss unserer Selbstannahme kommen, haben wir tatsächlich den doppelten Gewinn.

Im „Ja zu mir" sein

Im „Ja zu mir" zu sein, heißt für mich: authentisch zu sein und mich selbst ganz und gar zu leben; einfach, weil ich damit voll und ganz zu mir in meinem So-Sein stehen und mein Potenzial entfalten kann. Es bedeutet auch, mich selbst als die Person, die ich bin, anzunehmen, zu achten und wertzuschätzen. Und diese Selbstwertschätzung auch nach außen hin auszustrahlen, ohne dabei überheblich zu wirken.

Ist Ihnen schon einmal aufgefallen, welche Menschen im Umgang angenehmer sind?
Sind es nicht jene, die in ihrem – manchmal etwas ironischen, im Grunde aber doch liebevollen – „Ja zu mir" schwingen und dabei entspannt in sich ruhen?

Überheblich sind doch vor allem jene Menschen, die sich selbst im Grunde ganz und gar nicht wertschätzen; und dann in einer Art Überkompensation um besonders viel Aufmerksamkeit von anderen buhlen.

Menschen, die niemals mit sich zufrieden sind (und meist auch nicht mit allen anderen), die ständig etwas an sich auszusetzen haben (und meist auch an allen anderen) und die sich selbst ganz und gar nicht mögen (und meist auch die anderen nicht), sind doch oft ziemlich mühsam im Zusammensein. Offenbar brauchen sie so viel Bestätigung von außen, weil sie dieses Manko in der eigenen Selbstachtung und Selbstwertschätzung auffüllen wollen; was natürlich nicht funktioniert.

Ich habe dazu ein Bild: eine Person, die sich selbst nicht wertschätzt, ist in meinen Augen wie ein Fass ohne Boden. Da kann von außen noch so viel hineingefüllt werden, es wird nie voll; weil alles Zufließende sofort wieder abfließt. Und das gilt für Selbstliebe ebenso wie für Selbstanerkennung, Selbstwertschätzung, Selbstachtung, Selbstfürsorge oder Selbstannahme; denn wer sich all dessen nicht wert ist, kann es auch von außen nicht annehmen. Auch wenn er es gerade dann bitter nötig hätte.

Schenken Sie einer anderen Person gern Anerkennung, wenn diese so penetrant darum buhlt?
Fühlt sich das nicht an wie ein Fass ohne Boden?

Was wir uns hingegen selbst geben können, brauchen wir nicht mehr von außen, denn dann sind wir völlig autark. Allerdings kommt all das interessanterweise genau dann auch von außen auf uns zu; weil wir es nun nicht mehr brauchen ☺.

Natürlich ist es auch dann schön, Liebe, Wertschätzung, Achtung und Fürsorge von anderen zu bekommen; aber wir sind nicht mehr so bedürftig und davon abhängig. Daher reagieren wir um vieles entspannter und angenehmer als in der ständigen Geltungssucht und Bedürftigkeit, die aus dem Mangel an Selbstliebe resultieren. In dem wir absurder Weise auch jegliches Kompliment reflexartig zurückweisen; wiewohl wir so sehnlich darauf warten.

Wie wäre es also, wenn wir damit beginnen würden, unser „Ja zu mir" zu finden und zu kultivieren?
Wie wäre es, wenn wir der Empfehlung aus der Bibel: *„Liebe deinen nächsten WIE dich selbst!"* nachkämen?
Wie wäre es, wenn wir die Verantwortung für unser Selbstwertgefühl übernehmen würden?
Auch wenn das zugegebenermaßen für alleingeborene HSP nicht ganz einfach ist – eben, weil uns meist die Grundausstattung dafür fehlt: die bedingungslose Liebe unserer Mutter.

Wenn sich der Satz: *„Ich liebe mich!"* für Sie seltsam anfühlt, dann sagen Sie für den Anfang *„Ich mag mich!"* oder *„Ich kann mich gut leiden!"* oder *„Ich habe mich gern!"* oder *„Ich bin mir gut!"*. Sagen Sie sich das, während Sie sich im Spiegel betrachten. Drücken Sie Ihre Form der Zuneigung so aus, wie es sich für Sie persönlich gut anfühlt. Und bitte fühlen Sie das auch, denn die Emotion ist dabei viel wichtiger als die Bezeichnung selbst. Ein Wenig Ironie darf dabei mitschwingen – lächeln und schmunzeln ist durchaus gesund.

Welche Ressourcen könnten Ihnen helfen, Ihr „Ja zu mir" wieder zu finden?

Suchen Sie nach einer Situation in Ihrem Leben, in der Sie:

☺ *sich in Ihrer eigenen Haut wohl gefühlt haben,*
☺ *sich wirklich ganz und gar eins mit sich selbst empfunden haben,*
☺ *sich gemocht haben,*
☺ *sich selbst gefallen haben,*
☺ *einverstanden waren mit dem, was Sie getan / nicht getan haben,*
☺ *vielleicht sogar mit sich selbst zufrieden waren,*

☺ *das Gefühl hatten: „Es ist alles gut so, wie es ist!"*
☺ *sich einfach in und mit sich selbst daheim gefühlt haben…*

Bitte denken Sie jetzt nicht, solche Situationen hätte es in Ihrem Leben nicht gegeben! Mit etwas gutem Willen werden Sie eine finden; und wenn nicht, dann erfinden Sie eine ☺! Die Fähigkeit, etwas, was Sie glauben, nicht zu können, zu spielen – also so zu tun, als könnten Sie es (letztlich also Ihre Vorstellungskraft) –, ist eine Ihrer wertvollsten Gaben, die Sie als Mensch mitbekommen haben. Ihr Gehirn kann tatsächlich nicht unterscheiden, ob Sie etwas real erleben oder sich bloß vorstellen.

Das können Mediziner heute mittels neuester bildgebender Verfahren eindeutig nachweisen. Sie haben in Ihrem Gehirn spezielle Nervenzellen (Ihre Spiegelneuronen), die auch bloß Vorgestelltes als Realität wahrnehmen. Damit bekommt der Satz „Einbildung ist auch eine Bildung" eine neue Bedeutung; wiewohl er meist eher in ironischer Form gebraucht wird.

Daher liegt es mir wirklich am Herzen, Ihnen das enorme Potenzial in Erinnerung zu bringen, welches in Ihrer Vorstellungskraft – Ihrer Fähigkeit zur Erschaffung einer virtuellen Realität – schlummert. Gerade als hochsensible, hochsensitive Persönlichkeit.

Also wenn Ihnen keine Situation einfällt, in der Sie mit sich eins und einverstanden waren, in der Sie zufrieden waren mit sich und sich gefallen haben, in der Sie sich bei sich selbst daheim und in Ihrer Haut wohl gefühlt haben, dann erfinden Sie eine! Erfinden Sie eine Szene, in der Sie sich so, wie Sie sind, in Ordnung fühlen und ganz und gar in Ihrem „Ja zu mir" sind!

Fühlen Sie ganz tief in sich hinein und fragen Sie sich:

Wie fühlt es sich an, ganz und gar im „Ja zu mir" zu sein?
Woran erkenne ich, dass ich in meinem „Ja zu mir" bin?
Welche Körperhaltung nehme ich ein, wenn ich ganz und gar in meinem „Ja zu mir" bin?
Was sage ich zu mir, wenn ich in meinem „Ja zu mir" bin?
Welche inneren Dialoge laufen da ab?

Aber fragen Sie sich auch:

Mit welchen Menschen schwinge ich in Resonanz, wenn ich ganz und gar in meinem „Ja zu mir" bin?

Gehört meine Mutter dazu?
Wer fördert mich in meinem „Ja zu mir"?
Tut meine Mutter dies?
Gibt es Menschen, in deren Gegenwart ich in mich hineinwachse,
also meine wahre Größe einnehme?
Geht es mir bei meiner Mutter so?

Ich nenne Personen, die uns in unserem In-mich-selbst-hinein-Wachsen fördern, „Substral-Menschen" – in Anlehnung an einen bekannten Pflanzendünger.

Wie wäre es, wenn Sie in Ihrer Vorstellung einen solchen Menschen hinter sich stellen und sich von ihm Rückhalt geben lassen würden?
Wenn Sie ihm erlauben würden, Sie aufzubauen, zu bestätigen und in Ihrem „Ja zu mir" zu bestärken?

Lassen Sie sich in Ihrer Vorstellung liebevoll aufrichten und den Rücken stärken! Lassen Sie sich großmachen und ermutigen! Wachsen Sie! Spüren Sie sich größer werden! Fühlen Sie, wie Sie mehr und mehr in sich hineinwachsen und nach und nach Ihre wahre Größe einnehmen!

Fühlt sich das nicht herrlich an?

Vielleicht haben Sie Lust, sich das entsprechende Gefühl des Aufgerichtet-Werdens ganz fest einzuprägen, damit Sie es in Situationen, wo Sie es brauchen können, jederzeit abrufen können.

Mark Twain empfahl:
„Bleib Menschen fern, die deine Ambitionen belächeln. Kleine Menschen tun das immer. Aber die wirklich Großen geben dir das Gefühl, dass auch du groß werden kannst!"

Aber fragen Sie sich auch:

Wer in meiner Umgebung passt nicht zu mir, wenn ich in meinem „Ja zu mir" bin?
Gehört meine Mutter dazu?
In wessen Gegenwart mache ich mich selbst kleiner, als ich bin?
Mache ich das in Gegenwart meiner Mutter?
Wer macht mich kleiner, als ich bin?
Tut meine Mutter dies?
In wessen Gegenwart fühle ich mich klein und unwichtig?
Gilt das auch für die Gegenwart meiner Mutter?

Diesen Kleinmachern würde ich an Ihrer Stelle Einhalt gebieten – oder zumindest gesunde Grenzen setzen. Wobei mir klar ist, dass sich das leichter sagt, als es sich umsetzt; besonders, wenn es um Ihre Mutter geht. Der eigenen Mutter gegenüber haben die meisten Menschen eine Art „Beißhemmung" und wagen es nicht, sich zu wehren oder auch zurückzuziehen.

Geht es Ihnen auch so?

Jedenfalls wird es Ihnen leichter fallen, sich abzugrenzen, wenn Sie in Ihrem „Ja zu mir" schwingen, als in Ihrem „Nein zu mir" – daher liegt es mir ja so am Herzen, Sie zu dieser Umpolung zu motivieren.

Vielleicht wollen Sie sich noch folgende Frage stellen:

Was müsste ich / sich in meinem Leben ändern, damit ich möglichst oft ganz und uneingeschränkt im „Ja zu mir" sein und dies auch über weite Strecken bleiben könnte?
Was müsste ich / sich speziell im Zusammenhang mit meiner Beziehung zu meiner Mutter ändern?
Könnte ich mir vorstellen, dass all die Empfehlungen in diesem Buch – wenn ich diese auch tatsächlich umsetze – mir dabei helfen?

Seien Sie es sich wert, all das zu ändern! Beginnen Sie am besten gleich damit, es in Ihrer Vorstellung zu ändern und dann – nach Maßgabe Ihrer Möglichkeiten – nach und nach auch in Ihrer Realität!

Erstens haben Sie es verdient; und zweitens tun Sie damit auch anderen etwas Gutes. Einfach, weil Sie im „Ja zu mir" eine um vieles angenehmere Ausstrahlung haben.

Übrigens werden Sie sich auch leichter tun, dort, wo es angemessen ist, „nein" zu sagen, wenn Sie in Ihrem „Ja zu mir" schwingen. Nicht zuletzt auch im Umgang mit Ihrer Mutter. Womit ich natürlich nicht empfehlen möchte, Ihrer Mutter in Zukunft nur mehr ein Nein zu geben, sondern es gilt einfach, in der entsprechenden Situation in sich hinein zu fühlen und wahrzunehmen, welche Antwort sich richtig anfühlt: ein Ja oder ein Nein? Und diese dann zu geben.

Denn überlegen Sie bitte:
Wenn jedes Ja automatisch ein Nein zu allen anderen Ansprüchen bedingt, muss dieses Nein tatsächlich immer oder überwiegend in erster Linie Ihnen selbst gelten?

Sollten wir nicht für einen gesunden Ausgleich sorgen?

Dafür kann ich Ihnen drei Argumente anbieten.

Erstens das Argument der Ehrlichkeit. Eigentlich empfinde ich mich selbst als ehrlichen und aufrichtigen Menschen; und natürlich wünsche mir das auch von anderen. Aber ist es ehrlich, einer anderen Person „ja" zu sagen, obwohl ich eigentlich „nein" meine; und daher innerlich nicht wirklich dazu stehen zu können?

Wie sieht das bei Ihnen aus?

Zweitens haben wir das Problem der inneren Inkongruenz. Wenn Sie „ja" sagen und eigentlich „nein" meinen, strahlen Sie diese Ambivalenz über Ihr Herzfeld auch nach außen hin aus; wo sie vom Unterbewusstsein der anderen Person wahrgenommen wird und unbewusst Misstrauen erzeugt. Das Sie mit Ihrem Entgegenkommen ja ganz und gar nicht bezweckt haben, nicht wahr?

Mein drittes Argument ist das der Gerechtigkeit. Ich plädiere natürlich nicht dafür, dass wir nur mehr auf uns selbst achten und immer und überall uns selbst vorlassen. Das wäre für uns alleingeborene HSP – als die wir a priori stark auf unser Du fokussiert sind – auch gar nicht möglich; denn dazu müssten wir uns völlig verleugnen. Aber ich halte auch nicht viel vom gegenteiligen Weg. Trachten Sie doch nach einer gerechteren Aufteilung, einem gesunden Mittelweg – und dies auch und vor allem in Bezug auf Ihre Mutter!

Lernen Sie, ehrlich „nein" zu sagen, wenn es sich nicht richtig anfühlt „ja" zu sagen; um Ihr inneres Kind nicht ständig zurückzuweisen. Damit vermitteln Sie anderen die Sicherheit, dass sie sich auf Ihr Ja verlassen können; weil sie erfahren haben, dass ein Ja aus Ihrem Mund wirklich ehrlich gemeint ist. Und weil sie darauf vertrauen können, dass Sie ihnen dort, wo es stimmig ist, auch tatsächlich ein Nein geben.

Das wird Ihnen jedoch erst dann gelingen, wenn Sie möglichst weitgehend in Ihrem „Ja zu mir" schwingen. Denn erst in dieser Selbstannahme können Sie sich aus dem Stress befreien, den dieses „entweder die anderen oder ich" immer bis zu einem gewissen Grad in Ihnen auslöst – ganz besonders, wenn es dabei um Ihre Mutter geht. Und das wiederum wird Ihnen erst gelingen, wenn Sie Ihre Schuldgefühle – allgemein und speziell Ihrer Mutter gegenüber – aufgelöst haben.

Schuldgefühle

Lassen Sie mich an dieser Stelle gleich eines unserer ganz großen Stress-Themen aufgreifen: unsere Schuldgefühle.

Ich habe Sie bereits auf die Ursache für die Schuldgefühle hingewiesen, unter denen Sie als alleingeborener Zwilling vermutlich leiden. Sie beruhen auf der irrigen Annahme, Sie wären verantwortlich für den frühen Tod Ihres Geschwisters; und sie funktionieren vorwiegend aus dem Unbewussten, was es besonders schwer macht, sie aufzulösen.

Wenn Sie bereits den „Dialog der Hände" mit Ihrer anderen Hälfte im Jenseits gehalten haben, dann wird Ihr Zwilling Ihnen vermutlich versichert haben, dass Sie ihm weder die Nahrung noch den Platz weggenommen haben; und dass er auch nicht so früh heimgekehrt ist, weil Sie so wenig liebenswert sind, dass er lieber gestorben ist, als bei ihm zu bleiben.

Es mag nur eine Weile dauern, bis diese Versicherung in Ihr Unbewusstes sickert und dort Ihre Gewissensbisse auflöst – auch das weiß ich aus eigener Erfahrung.

Neben den Schuldgefühlen, die wir unserem verlorenen Geschwister gegenüber haben, leiden viele von uns auch unter Gewissensbissen gegenüber der eigenen Mutter. Als mir diese bewusst wurden, verstand ich zuerst die Welt nicht mehr. Was hatte ich ihr angetan?

Wie sieht das bei Ihnen aus?
Können Sie, wenn Sie tief in sich selbst eintauchen, auch Schuldgefühle Ihrer Mutter gegenüber wahrnehmen?
Haben Sie ihr gegenüber ein schlechtes Gewissen?
Haben Sie auch das schwer nachvollziehbare Gefühl, Sie hätten irgendetwas wieder gut zu machen?
Glauben Sie, Sie müssten Ihre Mutter – wofür auch immer – entschädigen?

Nun, wenn dem so ist, dann sind Sie damit nicht allein, denn das ist ein weit verbreitetes Muster bei alleingeborenen HSP.

Als mir dieses ungute Gefühl meiner Mutter gegenüber bewusst wurde – obwohl nach logischen Gesichtspunkten nach all dem, was zwischen uns passiert war, eigentlich sie diejenige sein hätte müssen, die unter Gewissensbissen leidet – habe ich begonnen, dieses seltsame Muster zu hinterfragen.

Und bin zu einem Ergebnis gekommen, das ich Ihnen hier anbieten möchte. Fühlen Sie in sich nach, wenn auch Sie Ihren Zwilling verloren haben, ob meine Erklärung für Sie plausibel ist.

Meiner Erfahrung nach können wir ein destruktives Muster erst dann auflösen, wenn wir die Ursache dahinter erkannt haben; wenn wir es also verstanden haben. Erst aus Verstehen folgt Verständnis; und aus Verständnis kann Aussöhnung resultieren.

Meine Schuldgefühle meiner Mutter gegenüber beruhten auf der Annahme, ich hätte Ihr den Sohn weggenommen. Da ich ja annahm, ich wäre für den Tod meiner beiden Drillingsbrüder verantwortlich, schien der nächste Schritt nur logisch zu sein. So absurd mir das heute vorkommt, dieses Muster war tief in mir verankert.

Wie bereits erwähnt, hat meine Mutter während der Schwangerschaft die anfänglichen Zwillinge geahnt (Drillinge waren keine Option), aber vor allem hat sie einen Sohn erwartet. Und sie war sich dessen so sicher, dass es für ein Mädchen gar keinen Namen gab.

Damit hat für mich das Leben gleich mit einer großen Enttäuschung begonnen – ein weiteres Stress-Thema Alleingeborener, wie ich bereits erwähnt habe. Seit dieser Zeit sind Enttäuschungen für mich generell mit Stress verbunden. Selbst enttäuscht zu werden, macht mir sehr zu schaffen; aber vor allem habe ich panische Angst, andere zu enttäuschen.

Kennen Sie dieses Muster auch von sich?
Bereitet es Ihnen massiven Stress, wenn Sie merken, dass Sie jemand enttäuscht haben?

Dieser Stress-Faktor scheint mir ganz besonders jene zu betreffen, die mit dem „falschen" Geschlecht zur Welt gekommen sind – ob als Mädchen oder als Bub ist gleichgültig – einfach, weil sie eine Erwartung nicht erfüllen konnten. Und das fühlt sich schrecklich an.

Daher hatte ich die längste Zeit meines Lebens den Eindruck, ich müsste meine Mutter für den Verlust ihres sehnsüchtig erwarteten Sohnes entschädigen – immerhin hatte ich ihn ihr weggenommen.

Und aus diesen Schuldgefühlen ist einerseits der eklatante Mangel an Selbstwertgefühl resultiert und das Gefühl, ich müsste mich meines Überlebt-Habens erst durch besondere Liebenswürdigkeit und außerordentliche Leistungen für andere als wert erweisen.

Andererseits aber konnte ich mich auch nie gegen meine Mutter zur Wehr setzen, sondern habe mir alles von ihr gefallen lassen – offenbar aufgrund meiner im Unbewussten schwelenden Schuldgefühle und der Verpflichtung, sie für ihren Verlust zu entschädigen.

Wie sieht das bei Ihnen aus?
Können Sie ein ähnliches Verhaltensmuster Ihrer Mutter gegenüber auch bei sich erkennen?

Dann lassen Sie dieses Verstehen tief in sich einsickern und dort wirken. Es mag eine Weile dauern, aber ich kann Ihnen versprechen, die Lösung kommt. Und sie ist wichtig.

Denn, so lange Sie unter diesen Schuldgefühlen leiden, wird es Ihnen kaum möglich sein, ein erfülltes, zufriedenes Leben zu führen und Ihr Potenzial frei zu entfalten; weil Sie sich ständig selbst im Weg stehen.

Einerseits, weil Sie sich dessen gar nicht als wert erachten; andererseits, weil Sie Angst haben, die Liebe, Wertschätzung und Anerkennung anderer – ganz besonders Ihrer Mutter – zu verlieren. Vielleicht sogar die ganze Person – so wie dereinst Ihre zweite Hälfte.

Und Sie werden es sehr schwer haben, Ihrer Mutter vernünftige Grenzen zu setzen und ihr auch einmal ein Nein zu geben.

Wenn Sie um sich schauen, werden Ihnen vermutlich eine Menge Menschen (und zwar sowohl Töchter als auch Söhne) auffallen, die sich auf erstaunliche Weise von ihren Müttern unterdrücken und knechtet lassen; die einem das Gefühl vermitteln, sie würden erst dann richtig aufblühen, wenn diese nicht mehr am Leben wären.

Verstehen Sie mich Recht: das ist kein Plädoyer gegen Mütter im Allgemeinen, ganz im Gegenteil! Es ist ein Plädoyer für Kinder von Müttern, die nicht fähig sind, diese Rolle in einer reifen, förderlichen und konstruktiven Form zu leben; für Söhne und Töchter, die in ihren absurden Schuldgefühlen gefangen sind, weil sie deren Ursache noch nicht kennen. Und es ist mein Wunsch, ihnen bei ihrer längst fälligen Befreiung zu helfen!

Selbstbefreiung mit „EFT"

Ein sehr wertvolles Instrument zur Selbstbefreiung ist „EFT", die „Emotional Freedom Technique" von Gary Craig. Diese Technik aus der Energetischen Psychologie wird Ihnen in vielen Belangen gute Dienste erweisen, insbesondere aber auf Ihrem Weg in die Befreiung aus Ihren Schuldgefühlen und zur Heilung Ihres Selbstwertgefühls.

Wenn Sie „EFT" noch nicht kennen, empfehle ich Ihnen das Buch „Klopf die Sorgen weg", welches Gary Craig gemeinsam mit David Feinstein und Donna Eden geschrieben hat. Darüber hinaus finden Sie auf seiner Homepage eine Menge großartiger Videos von Seminarmitschnitten, die Ihnen auch helfen werden, sich diese höchst einfache und zugleich wirksame Technik anzueignen.

Dabei werden mit den Fingerspitzen bestimmte energetisch aktive Punkte geklopft, während man bestimmte Worte spricht, die zuerst den tatsächlichen Zustand beschreiben, um dann in Richtung Ideal zu wechseln.

Ich persönlich halte nichts von den klassischen Affirmationen, bei denen etwas behauptet wird, was nicht stimmt – einfach, weil sie nicht hirngerecht sind. Daher habe ich das Konzept der „Affragen" und „Frantworten" kreiert und dazu ein Buch geschrieben und ein eigenes Kartenset gestaltet.

Aber während Sie Ihre energetischen Punkte klopfen, sind solche Wunschbehauptungen durchaus erlaubt.

Um hier nicht den Rahmen zu sprengen, gebe ich Ihnen nur eine kurze Zusammenfassung und empfehle Ihnen, wenn Sie diese Technik noch nicht kennen, aber sich davon angesprochen fühlen, sich darin weiterzubilden.

Folgende Punkte werden nach Gary Craig geklopft:
- am inneren Ende der Augenbrauen
- seitlich des äußeren Augenwinkels auf dem Knochenrand
- etwas unterhalb der Augenmitte am Jochbein
- in der Mitte der Oberlippe
- in der Mitte zwischen Unterlippe und Kinn
- Niere 27 unterhalb des mittleren Schlüsselbeinköpfchens
- unter den Arm in Höhe des BH oder der männlichen Brustwarze

- an der Handkante unter dem kleinen Finger
- am Scheitel.

Beginnen Sie am Handkantenpunkt (klopfen Sie diesen mit 3 zusammengelegten Fingern oder schlagen Sie leicht Ihre beiden Handkanten zusammen) und sprechen Sie dreimal den Eingangssatz, der den tatsächlichen Zustand beschreibt; und fügen Sie jeweils den Liebessatz hinzu.

Beispielsweise: *„Obwohl ich so viele Schuldgefühle habe, liebe und akzeptiere ich mich aus tiefstem Herzen!"*

Dann klopfen Sie den ganzen Text durch: jeweils einen Punkt pro Zeile; klopfen Sie jeweils mehrmals zart mit der Zeigefingerspitze.

Hier wäre zur Inspiration ein Text zur Lösung Ihrer Schuldgefühle – die Ihnen meiner Erfahrung nach allerdings erst dann gelingen wird, wenn Sie deren Ursache erkannt haben.

Schuldgefühle

Obwohl ich so viele Schuldgefühle habe,
liebe und akzeptiere ich mich aus tiefstem Herzen;
obwohl ich unter meinen Schuldgefühlen leide,
liebe, achte und ehre ich mich;
obwohl meine Schuldgefühle mich wirklich quälen,
liebe und wertschätze ich mich aus tiefstem Herzen!

Seit ich mich erinnern kann,
habe ich quälende Schuldgefühle,
für die es keinen Grund gibt!
Ich habe nichts verbrochen,
aber ich habe Schuldgefühle,
die ich mir nicht erklären kann.
Habe ich diese Schuldgefühle wirklich,
weil ich meinen Zwilling verloren habe
und mich schuldig fühle für seinen Tod?
Diese Schuldgefühle sind quälend
und rauben mir kostbare Energie!
Vor allem aber untergraben sie
seit ich mich erinnern kann
mein Selbstwertgefühl!
Ich fühle mich schuldig
und habe daher den Eindruck,

ich müsste meinen Wert erst beweisen.
Also stelle ich extrem hohe Anforderungen an mich
und bin niemals zufrieden mit mir
und meinen Leistungen.
Ich glaube, ich muss immer besser sein
und mehr leisten als andere,
aber sogar, wenn mir das gelingt,
bin ich immer noch nicht zufrieden.
Ich bin niemals zufrieden mit mir
Habe immer das Gefühl, ich bin nicht genug
und ich quäle mich mit Schuldgefühlen.
Liegt das wirklich an meinem Ur-Trauma?
Kommt das wirklich von meinen Schuldgefühlen?
Bin ich verantwortlich für den Tod meines Zwillings?
Das ist doch absurd!
Ich hasse diese Schuldgefühle!
Mir reicht es jetzt wirklich!
Ich erlaube mir, diese neue Einsicht anzunehmen!
Wenn ich wirklich meinen Zwilling verloren habe,
dann war das nicht meine Schuld,
sondern war in unserem Seelenplan so vorgesehen.
Mein Zwilling möchte nicht,
dass ich mich wegen ihm schuldig fühle!
Und er möchte nicht,
dass ich mich nicht wertvoll fühle,
im Gegenteil!
Mein Zwilling möchte mich glücklich wissen!
Und genau dafür werde ich mich jetzt öffnen!
Ich öffne mich für den Kontakt
mit meiner anderen Hälfte im Jenseits,
und erlaube meinem Zwilling, mir zu helfen,
mich aus meinen Schuldgefühlen zu befreien
und mein Selbstwertgefühl zu heilen!
Ich entscheide jetzt, mich gut zu fühlen!
Ich entscheide, mich entspannt und glücklich zu fühlen!
Ich entscheide, mich wertvoll zu fühlen!
Und ich liebe und akzeptiere mich aus tiefstem Herzen!

Und hier noch eine Textempfehlung für eines unserer wichtigsten Stress-Themen: unser angeknackstes Selbstwertgefühl.

<u>*Selbstwertgefühl heilen*</u>

Obwohl ich ein mangelndes Selbstwertgefühl habe,

liebe und akzeptiere ich mich aus tiefstem Herzen;
obwohl mein Selbstwertgefühl eine Katastrophe ist,
liebe und akzeptiere ich mich aus tiefstem Herzen;
obwohl mir dieses mangelnde SWG so viele Wege versperrt,
liebe und akzeptiere ich mich aus tiefstem Herzen!

Ich habe die tief verwurzelte Überzeugung,
nicht wertvoll zu sein.
Ich bin überzeugt, dass ich es nicht wert bin,
Erfolg zu haben und in Wohlstand zu leben,
und diese Überzeugung verwirklicht sich jeden Tag.
Ich bin in meinem geringen Selbstwertgefühl gefangen
und lasse mich davon an jeglicher Erfüllung hindern.
Ich bin Sklave meines mangelnden Selbstwertgefühls
und habe keine Ahnung,
wie ich mich daraus befreien kann.
Aber wer weiß, vielleicht halte ich
mein mangelndes Selbstwertgefühl fest?
Vielleicht bin ich es schon so gewöhnt,
dass es selbstverständlich geworden ist?
Vielleicht gibt es einen Teil in mir,
der der Meinung ist,
ich bräuchte dieses mangelnde Selbstwertgefühl,
weil ich sonst überheblich und korrupt würde?
Aber ist das wirklich wahr?
Warum lebe ich in dieser selbstauferlegten Enge?
Was bringt mir die?
Nichts! Nur Leid und Unzufriedenheit!
Aber ich möchte zufrieden sein mit mir!
Ich möchte glücklich sein!
Ich möchte zufrieden sein!
Ich möchte ein erfülltes Leben haben!
Und ich glaube, mein jenseitiger Zwilling
wünscht sich das auch für mich!
Wäre ich an seiner Stelle
und wäre er statt mir zur Welt gekommen,
würde ich mir jedenfalls wünschen,
dass er rundum glücklich ist!
Also ist anzunehmen,
dass er sich das auch für mich wünscht!
Wem ist damit gedient,
wenn ich so ein schlechtes Selbstwertgefühl habe?
Was ist gut daran,
wenn ich mir immer selbst im Weg stehe?

Wer hat etwas davon,
wenn ich mich selbst sabotiere?
Niemandem ist gedient!
Von nun an erlaube ich es mir,
meinen Wert zu fühlen!
Ich schenke mir meine volle Wertschätzung!
Ich schätze mich wert!
Ich fühle mich wertvoll!
Ich weiß, dass ich wertvoll bin!
Ich bin kostbar!
Ich bin ein Geschenk für diese Welt,
und es ist gut, dass es mich gibt!
Ja, ich schenke mir nun all die Wertschätzung,
die ich verdiene,
und heile mein mangelndes Selbstwertgefühl!
Und damit zugleich auch mein Inneres Kind!
Und ich liebe und akzeptiere mich aus tiefstem Herzen!

Sie sehen, in den Sätzen, die Sie mit der Punkte-Sequenz klopfen, gibt es zuweilen ein Hin und Her, weil immer wieder Zweifel aufkommen. Das ist in Ordnung so – so lange Sie, während Sie diese Sätze sagen, die energetischen Punkte klopfen! Während Sie sich energetisch ausgleichen, können Sie sowohl Ihre Zweifel aussprechen, als auch Ihre Ideal-Version, also das, was Sie sich statt der Schuldgefühle und des mangelnden Selbstwertgefühls wünschen.

Nehmen Sie von meinen beiden Textvorschlägen jeweils das, was Resonanz in Ihnen erzeugt, was sich gut anfühlt und wirksam ist. Und klopfen Sie Ihre Texte mehrmals – ich verspreche Ihnen, das wird Ihnen unendlich wohl tun und vieles verändern!

Und sehen Sie sich die Videos von Gary Craig an, um auch bei seinen Beispielen mitzuschwingen, die meist allgemeingültig sind und zumindest zu einem großen Teil auch Sie betreffen werden!

Ich würde mich jedenfalls freuen, wenn es mir gelungen wäre, Sie zu einer weiteren Auseinandersetzung mit diesem wundervollen Instrument zur Blockaden-Lösung anzuregen – wenn diese Technik Ihnen neu ist; oder Sie daran zu erinnern, wenn Sie sie bereits kennen, aber vielleicht dank der Aufmerksamkeit Ihres inneren Saboteurs aus den Augen verloren haben ☺.

Selbstbefreiung mit „The Work"

Auf Ihrem Weg in die Selbstbefreiung gibt es neben „EFT" und dem „Dialog der Hände" noch ein weiteres sehr hilfreiches Werkzeug, das ich Ihnen hier ans Herz legen möchte. Es wird Ihnen helfen, Spiegelungen – speziell die Ihrer Mutter – zu erkennen und in Ihr Ja zu kommen; vor allem in Ihr „Ja zu mir".

„The Work" von Byron Katie erstaunt mich immer wieder von Neuem in ihrer klärenden und entspannenden Wirkung und darf daher in keinem meiner Seminare und Bücher fehlen.

Ich habe diesen verblüffend einfachen Weg, Spiegelungen zu erkennen und richtig zu deuten, vor vielen Jahren kennen und lieben gelernt – zuerst in Büchern, dann aber auch direkt bei Byron Katie; und spiele seither praktisch täglich damit, weil er mir längst in Fleisch und Blut übergegangen ist.

Wenn meine Erklärung Sie anspricht, empfehle ich Ihnen, sich das eine oder andere kluge Buch dazu zu gönnen: ich mag besonders die von Moritz Boerner und Byron Katie selbst. Aber Sie finden auch zahlreiche Videos im Netz, in denen Sie Beispiele aus Seminaren miterleben können.

„The Work" ist für mich ein herrlicher Weg ins Ja und ins „Ja zu mir", an den kaum ein anderer Erkenntnisprozess herankommt, weil er so klar und präzise hilft, unseren Anteil in all dem, was uns an anderen und der Welt stört, zu erkennen; und dann auch Frieden zu schließen damit.

Gläserne Spiegel sind vor allem auch wertvoll, wenn es darum geht, etwas zu sehen, was wir im direkten Hinsehen nicht erkennen können – ich habe das bereits kurz erwähnt.

In Analogie dazu bieten uns die Reaktionen anderer – vor allem dann, wenn sie uns aus unserer Mitte (also aus unserem Ja) hinauswerfen – ungemein wertvolle Hinweise auf etwas, was uns selbst auch betrifft. Etwas, zu dem wir im Nein sind, das wir abwehren, gar nicht wissen wollen und daher verdrängen. Psychologen sprechen in diesem Zusammenhang vom „Schatten", den wir nach außen projizieren; so als könnten wir ihn damit abgeben.

Ich liebe den ganzen Prozess, zu Deutung der Spiegelungen eignen sich aber vor allem die Umkehrungen, die uns in der Reflexion der anderen zeigen, wie wir mit uns selbst umgehen. Denn all das, was andere uns „antun", tun wir uns gleichermaßen selbst an – zumindest indem wir es mit uns machen lassen.

Carl Gustav Jung drückt es so aus:
„Auf den Wegen des Lebens begegnen wir immer uns selbst in tausend Verkleidungen!"

Sind wir bereit, uns im Verhalten anderer wieder zu erkennen und diesen Schatten zu konfrontieren und in unser Herz zu schließen, finden wir Frieden und wandeln ein Stress erzeugendes „Nein zu mir" in ein wohltuendes „Ja zu mir".

Das ist aus meiner Sicht die Voraussetzung dafür, unser bisher liebloses Verhalten und unsere grausamen Reaktionen uns selbst gegenüber zu ändern – vor allem aber auch all das abzustellen, was wir uns bisher von unserer Mutter „gefallen lassen haben".

In dem Moment, in dem wir diese Bewusstheit erlangen, haben wir eine Menge gewonnen; denn damit gewinnen wir Einfluss auf unser Leben. Wir können andere und ihr Verhalten nicht verändern – auch unsere Mutter nicht! Aber wir können unser eigenes Verhalten verändern; und damit ändern wir zugleich unsere Resonanz für die Reaktionen jener, die uns nicht wohl tun.

Und entweder ändern diese dann ihr Verhalten; oder sie verschwinden aus unserem Leben, weil wir ihre Spiegelung nicht mehr brauchen; oder aber ihre Reaktionen tangieren uns nicht mehr, weil wir keine Angriffsfläche mehr dafür bieten.

Fassen Sie all das, was Sie an Ihrer Mutter stört – zu dem Sie also im Nein sind –, in Sollte-Sätze oder Sollte-nicht-Sätze und spielen mit den folgenden Umkehrungen:

- aus einem „sollte" wird ein „sollte nicht" – und umgekehrt,
- aus einem „sie mit mir" wird ein „ich mit ihr",
- auch dies in der Bejahung und der Verneinung,
- dann folgt die wichtigste Wendung des „ich mit mir".

Bei all diesen Umkehrungen geht es nicht um richtig oder falsch, sondern bloß um die Stress lösende Relativierung des eigenen Standpunktes. Im Hineinspüren in jede neue Wendung werden Sie vermutlich bei den meisten eine gewisse Berechtigung erkennen. Und das hilft Ihnen, aus dem abwehrenden Nein in die Akzeptanz Ihres Ja zu finden. Vor allem erkennen Sie bald, dass Sie all das, was andere mit Ihnen tun, auch selbst mit sich anstellen!

Ihre Überzeugung mag lauten:
Meine Mutter sollte mich nicht ständig überfordern!
Tut sie das tatsächlich? Oder ist das nur Ihre Interpretation?

Wird in der ersten Umkehrung zu:
=> *Meine Mutter sollte mich ständig überfordern!*
Um zu erkennen, was Sie offenbar mit sich selbst tun, muss Ihre Mutter Ihnen einen passenden Spiegel vor Augen halten. Aber ehe wir zur letzten – und meist wichtigsten! – Umkehrung kommen, gehen wir systematisch durch.

Die nächste Umkehrung lautet:
=> *Ich sollte meine Mutter nicht ständig überfordern!*
Nun, ist es nicht auch eine Art von Überforderung, wenn Sie von Ihrer Mutter erwarten, dass sie Ihre Überforderung ahnt, wenn Sie nicht offen darüber sprechen? Wenn Sie immer nur „ja" sagen, wenn sie etwas von Ihnen will, auch wenn Sie eigentlich lieber „nein" sagen würden? Wie kann sie ahnen, dass Ihnen das alles zu viel ist, wenn Sie es ihr nicht klar und deutlich sagen?
Auch diese Umkehrung hat also ihre Gültigkeit.

Dann geht es weiter:
=> *Ich sollte meine Mutter ständig überfordern!*
Wenn wir es so verstehen, dass Sie Ihrer Mutter öfter auch „nein" sagen und ihr das, was sie Ihnen zu viel aufhalst, zurückgeben sollten – dann könnte sie das durchaus überfordern. Was aber durchaus sinnvoll wäre, weil sie dann Ihre Überforderung leichter erkennten und ihre Forderungen an Sie zurücknehmen würde.

Aber am wichtigsten scheint mir:
=> *Ich sollte mich selbst nicht ständig überfordern!*
Erkennen Sie die Brisanz dieser Botschaft? Geht es nicht genau darum, dass Sie sich selbst ständig überfordern, nur um Ihre Mutter zufrieden zu stellen? Weil Sie glauben, Ihren Wert erst beweisen zu müssen und sich ihre Wertschätzung, ihr Lob und ihre Anerkennung wünschen? Weil Sie den Eindruck haben, Sie müssten etwas wiedergutmachen?

***

Ein weiteres häufiges Thema in unserem Zusammenhang ist das Gefühl, zu wenig ernst genommen zu werden.
Meine Mutter sollte mich und meine Bedürfnisse mehr ernst nehmen!
Sind Sie sicher, dass sie das nicht tut? Wer weiß?

=> *Meine Mutter sollte mich und meine Bedürfnisse nicht so ernst nehmen!*
Erstens um Ihnen einen Spiegel vor Augen zu halten, zweitens weil das eigentlich Ihre Aufgabe wäre.

=> *Ich sollte die Bedürfnisse meiner Mutter ernster nehmen!*
Tun Sie das zu ihrer vollen Zufriedenheit? Fragen Sie sie...

=> *Ich sollte die Bedürfnisse meiner Mutter nicht so ernst nehmen!*
Wenn Sie mit Ihrem ausgeprägtem Helfer-Syndrom viel zu sehr auf Ihre Mutter eingehen, dann mag auch diese Wendung stimmen.

=> *Ich sollte meine Bedürfnisse ernster nehmen!*
Heureka! Ich kenne kaum eine alleingeborene HSP, die sich ausreichend um sich selbst und ihr inneres Kind kümmert.

Also seien Sie Ihrer Mutter dankbar, dass Sie Ihnen diesen Spiegel vor Augen hält – und nehmen Sie sich und Ihre Bedürfnisse in Zukunft ernster!

***

Hier ist noch ein sehr verbreitetes Thema:
Meine Mutter sollte mich nicht ständig kritisieren!
Tut sie das?

=> *Meine Mutter sollte mich ständig kritisieren!*
Um mir einen Spiegel vor Augen zu halten...

=> *Ich sollte meine Mutter nicht ständig kritisieren!*
Wenn Sie dieses Buch lesen, haben Sie sicher einiges an Ihrer Mutter auszusetzen, nicht wahr?

=> *Ich sollte meine Mutter mehr kritisieren!*
Vielleicht wünscht sie sich mehr Feedback von Ihnen?
Die Umkehrungen brauchen oft Phantasie.

=> *Ich sollte mich nicht ständig kritisieren!*

Und genau das ist wieder des Pudels Kern! Alleingeborene HSP haben meist eine extreme Tendenz zu Selbstkritik. Diese beruht auf der starken Angst vor Kritik von außen, der man lieber mit eigener Kritik zuvorkommt. Und natürlich wird auch diese Tendenz gespiegelt.

Tendieren Sie auch dazu, sich selbst zu kritisieren, um Kritik, die von außen auf Sie zukommen könnte, vorwegzunehmen; und damit scheinbar in ihrer destruktiven Wirkung zu erleichtern?

Was natürlich nicht funktioniert, denn Ihr inneres Kind nimmt sich Ihre Selbstkritik ebenso zu Herzen wie Kritik von außen. Also gehen Sie in Zukunft liebevoller mit sich selbst um!

***

Und ich weiß nicht, ob Ihre Mutter Ihnen genug Wertschätzung entgegenbringt – wenn nicht, dann könnten Ihnen die folgenden Umkehrungen wertvolle Einsichten eröffnen.

Meine Mutter sollte mich mehr wertschätzen!
Können Sie sicher sein, dass sie das nicht tut?

=> Meine Mutter sollte mich weniger wertschätzen!
Wie kann ein Spiegel Ihnen etwas anderes zeigen, als Sie ihm zeigen?

=> Ich sollte meine Mutter mehr wertschätzen!
Wer weiß, vielleicht empfindet sie das so?

=> Ich sollte meine Mutter nicht so wertschätzen!
Nun, vielleicht sollte es Ihnen nicht so wichtig sein, ob sie Sie wertschätzt oder nicht.

=> Ich sollte mich mehr wertschätzen!
Genau darum geht es! Ich kenne kaum eine alleingeborene HSP, die sich selbst so wertschätzt, wie sie es verdient hätte.

***

Und hat Ihre Mutter auch die Tendenz, an Ihnen zu zweifeln?

Meine Mutter sollte nicht immer an mir zweifeln!
Tut sie das wirklich?

=> *Meine Mutter sollte mehr an mir zweifeln!*
Hier wirkt wie immer die Spiegelung...

=> *Ich sollte nicht immer an meiner Mutter zweifeln!*
Zumindest nicht an ihrer Spiegelwirkung, denn diese ist akkurat!

=> *Ich sollte mehr an meiner Mutter zweifeln!*
Vielleicht sollten Sie mehr an ihrem Urteil zweifeln...

=> *Ich sollte nicht immer an mir zweifeln!*
Und wieder haben wir ein Heureka! Wenn Ihr Selbstwertgefühl angeknackst ist, haben Sie die Tendenz, an sich zu zweifeln – und werden dies natürlich auch immer wieder von außen anziehen.

***

Und hier noch ein letztes Beispiel:

Meine Mutter sollte endlich einmal zufrieden sein mit mir!
Können Sie sicher sein, dass sie das nicht ist?

=> *Meine Mutter sollte nicht zufrieden sein mit mir!*
Spieglein, Spieglein an der Wand...

=> *Ich sollte mit meiner Mutter zufrieden sein!*
Sind Sie das? Wer weiß, vielleicht wünscht sie sich das?

=> *Ich sollte mit meiner Mutter nicht zufrieden sein!*
Vielleicht ist es wichtig, nicht mit ihrer Unzufriedenheit mit Ihnen zufrieden zu sein – aber auch nicht mit Ihrer eigenen...

=> *Ich sollte endlich einmal zufrieden sein mit mir!*
Können Sie das nicht voll und ganz unterschreiben?
Und ist es nicht wertvoll, wenn Ihre Mutter Sie darauf aufmerksam macht?

Also seien Sie zufrieden mit sich selbst – obwohl Sie sich überfordern, Ihre Bedürfnisse nicht ernst nehmen, sich zu wenig wertschätzen, ständig kritisieren und viel zu oft an sich zweifeln! Erst wenn Sie im „Ja zu mir" sind, werden Sie das, was noch nicht ideal ist, ändern können.

Das „Nein zu mir" transformieren

Letztlich ist auch die bei alleingeborenen HSP weit verbreitete Tendenz, allzu leicht ins „Nein zu mir" zu kippen, Folge ihres mangelnden Selbstwertgefühls und darauf zurückzuführen, dass sie als Kind zu wenig Aufmerksamkeit, Fürsorge und Liebe bekommen haben; weil sie ihre Mutter mit einem "Phantom" teilen mussten.

Aber wann immer Sie im „Nein zu mir" sind, stehen Sie unter Stress. Und wenn Sie das wahrnehmen, sollten Sie danach trachten, möglichst rasch wieder in Ihr „Ja zu mir" zu finden; und dann dieses „Ja zu mir" mehr und mehr in sich verankern!

Voraussetzung dafür ist natürlich, dass Sie Ihr „Nein zu mir" identifizieren; denn Sie können den Feind (auch und vor allem den in Ihrem Inneren!) erst dann überwinden, wenn Sie wissen, wo er lauert.

Wo sind Sie also in Ihrem „Nein zu mir"?
Und wie äußert sich dieses?

Horchen Sie einmal tief in sich hinein und identifizieren Sie jedes einzelne „Nein zu mir", mit dem Sie sich selbst zurückweisen und dessen Sie sich im Augenblick bewusst sind. Vielleicht helfen Ihnen die folgenden Fragen dabei:

Womit an und in mir bin ich unzufrieden?
Was stört mich alles an mir?
Was werfe ich mir vor?
Wofür kritisiere ich mich immer wieder?
Wofür fühle ich mich schuldig?
Was an mir ärgert mich?
Was kann ich mir nicht verzeihen?
Was schätze ich nicht wert?
Wofür versage ich mir Lob, Anerkennung, Bestätigung?
Woran zweifle ich?
Womit überfordere ich mich?
Welchen Anspruch nehme ich nicht ernst?
Gibt es gar etwas, das ich an mir hasse?
Was an Positivem nehme ich als selbstverständlich?
Was versage ich mir, obwohl es möglich wäre?
Womit mache ich mir selbst Angst?

Diese Liste ist natürlich nicht vollständig – daher empfehle ich Ihnen, tief in sich selbst nach Ihren persönlichen Varianten des „Nein zu mir" zu suchen. Vergessen Sie dabei auch nicht all das, was Ihre Mutter an Ihnen ablehnt, zurückweist, kritisiert, anzweifelt und verurteilt – all das sind Arten eines Nein, weil sie Sie ja spiegelt.

Finden Sie möglichst viele davon und dann wählen Sie jenes, das Sie aktuell besonders schmerzt – und machen Sie sich bereit, es unter Einsatz Ihrer Vorstellungskraft in ein „Ja zu mir" umzuwandeln.

Bitten Sie Ihre kreativen Anteile, ein Symbol für dieses „Nein zu mir" zu finden; und nehmen Sie dieses mit all Ihren Sinnen wahr!
Dann fragen Sie sich:

Wo kann ich dieses „Nein zu mir" wahrnehmen?
Wie fühlt es sich an?
Was lässt es mich hören?
Wie sieht es aus – welches Bild vermittelt es mir?
Wie schmeckt und riecht es?

Und dann transformieren Sie dieses Symbol – und damit Ihr „Nein zu mir" – mit Ihrer Liebe:

Stellen Sie sich vor, wie in der Mitte Ihrer Brust Ihre Herzblume aufblüht und sich Blütenblatt für Blütenblatt weit öffnet! Und so wie diese Blume ihren Duft verströmt, so strömt nun aus Ihrem Herzen Liebe: Liebe zu einer geliebten Person, die Sie vor Ihrem geistigen Auge sehen. Vielleicht sind ja Sie selbst diese geliebte Person, in der erwachsenen Form oder in der Version Ihres inneren Kindes. Dann schenken Sie sich selbst all die Liebe, die aus Ihrer Herzblume strömt…
Lassen Sie Ihre Liebe ganz groß und stark werden; so groß, dass sie mit Leichtigkeit das Symbol, das Sie für Ihr „Nein zu mir" gefunden haben, umschließen und in Ihre Liebe einhüllen kann!
Schließen Sie Ihr Nein in Ihr Herz und nehmen Sie es liebevoll an!

Und dann achten Sie aufmerksam darauf, was in diesem heilsamen Akt des Liebevoll-ins-Herz-geschlossen-Werdens aus Ihrem Symbol für Ihr „Nein zu mir" wird!

Wird es leichter? Milder? Heller? Weicher? Löst es sich auf?
Wie wandelt es sich um?
Gelingt es Ihnen vielleicht sogar, es in ein „Ja zu mir" umzuwandeln?

Schenken Sie sich bei dieser Umwandlung all die Geduld, die Sie anderen selbstverständlich entgegenbringen! Denken Sie dabei an Ihr inneres Kind und gehen Sie so liebevoll damit um wie mit Ihrem äußeren Kind oder einer anderen geliebten Person!

Vielleicht vollzieht sich gleich ein großer Wandel. Dann freuen Sie sich über diesen Effekt und feiern Sie ihn als Erfolg! Je mehr Freude Sie dabei empfinden, umso wirksamer wird das Herzblumen-Spiel für Sie sein; denn Freude hilft Ihrem Herzen, sich zu öffnen.

Aber vielleicht ändert sich beim ersten Mal scheinbar nicht allzu viel. Auch das ist nicht schlimm, denn ich bin sicher, dass sich auch dann etwas verändert, wenn Ihnen dies nicht gleich bewusst wird. Bleiben Sie dabei und gönnen Sie sich dieses Spiel mit verschiedenen Varianten Ihres „Nein zu mir"!

Wenn Sie immer wieder Ihre Herzblume einsetzen, wird Ihnen dieses Spiel so in Fleisch und Blut übergehen, dass Sie es auch in einer Akutsituation, in der Sie sich mit Ihrem „Nein zu mir" weh tun, als hilfreiche Notmaßnahme zugänglich haben. Das ist zumindest meine Erfahrung.

Vor allem aber seien Sie sich nicht böse, wenn Sie sich wieder einmal in Ihrem „Nein zu mir" ertappen, sondern ganz im Gegenteil, freuen Sie sich, dass Ihnen dies bewusst geworden ist! Dann lassen Sie gleich Ihre Herzblume aufblühen, schließen Sie dieses Sie zurückweisende Nein zu sich selbst in Ihr Herz und wandeln Sie es behutsam in ein "Ja zu mir" um. Auf diese Weise finden Sie rasch wieder in Ihren Ja-Zustand heim.

Und sei es auch fürs Erste bloß in Ihr Ja zu Ihrem „Nein zu mir" ☺ – immerhin ist auch dieses ein Ja.

Buddha sagt:
„*Was auch immer du tust, liebe dich dafür, dass du es tust!*"

Damit drückt er wohl genau das aus, was ich als „im Ja zu mir Sein" bezeichne. Auch wenn es vorerst wirklich nur das Ja zum augenblicklichen Nein-Zustand ist; denn erst dann werden Sie diesen ändern können.

Ein offenes Gespräch

Da ich Ihre spezielle Situation nicht kenne, weiß ich natürlich auch nicht, wie (und ob überhaupt) Sie mit Ihrer Mutter kommunizieren. Das kann von einer sehr offenen Gesprächskultur über einen eher oberflächlichen Austausch, bei dem im Grunde nur jeder einen Monolog führt und es nicht wirklich Berührung gibt, bis zu absoluter Funkstille gehen.

Und ich weiß auch nicht, ob Sie Ihrer Mutter schon je all das gesagt haben, was in Ihnen vorgeht, was Sie bedrückt, wovon Sie sich verletzt gefühlt haben (und eventuell noch fühlen) – möglichst ohne Vorwürfe und verbale Angriffe.

Ich kann Ihnen nur aus eigener Erfahrung berichten, dass ein solches, möglichst offenes Gespräch sehr wertvoll und entspannend sein kann. Aber ich weiß auch, dass es oft viele Jahre intensiver Vorbereitung braucht, um es möglich zu machen.

Bei mir war der richtige Moment nach einer intensiven Session bei einer Energetikerin gekommen – und das war weitaus nicht meine erste, denn ich habe, wie bereits erwähnt, mein ganzes bewusstes Leben intensiv an dieser Beziehung gearbeitet. All das war offenbar als Vorbereitung nötig, um in diesem Schritt die letzten Hindernisse wegzuräumen.

Dieses Gespräch war etwas emotionaler, als ich es mir gewünscht hätte, aber all das, was ich meiner Mutter darin gesagt habe, war für mein Gefühl stimmig und authentisch. Vieles darunter hat meine Mutter erstaunt, weil sie zumeist eine andere Wahrnehmung all dessen hatte, was mich so verletzt hat. Aber ich fand es wichtig, ihr meine Sichtweise und meine Gefühlslage zu vermitteln.

Bei solchen Gesprächen geht es meiner Ansicht nach nicht darum, wer Recht hat und wer nicht; es geht nicht um gegenseitige Verurteilung und Wertung; es geht nicht um Vorwürfe und Angriffe – sondern es geht einfach darum, einmal die Atmosphäre zu klären und den Druck, der sich meist schon über viele Jahre oder Jahrzehnte aufgebaut hat, zu lösen.

Da ich generell viel mit dem „Dialog der Hände" spiele, hatte ich mich davor schon mehrmals auf der Seelen-Ebene mit meiner Mutter ausgetauscht – und das hat sich dann auch in der direkten Konfrontation als sehr wertvoll erwiesen.

Daher möchte ich auch Ihnen ans Herz legen, im Zweihand-Dialog quasi eine Generalprobe zu spielen, ehe Sie das mündliche Gespräch suchen. Schreiben Sie sich vor dem direkten Gespräch möglichst all das von der Seele, was Ihnen wehtut, was Sie kränkt, was Sie ärgert – damit nehmen Sie eine Menge Druck weg und ersparen sich die eine oder andere Explosion in der direkten Konfrontation; die letztlich niemandem etwas bringt.

Ihre Mutter wird vermutlich nicht wie ein Lamm alles über sich ergehen lassen, was Sie ihr zu sagen haben; wobei natürlich auch diese Reaktion möglich ist – je nach Mentalität. Die Erfahrung zeigt, dass unsere Mütter natürlich auch ihre Sichtweisen einbringen – und dabei ebenso subjektiv reagieren wie wir. Es sei denn, wir haben mit dem „Dialog der Hände" schon so viel Weisheit erlangt, dass wir unsere Emotionen in Schach halten können.

Mir ist das, wie gesagt, nicht ganz gelungen, dennoch hat dieses erste echte Gespräch auf Augenhöhe einen enormen Entwicklungs-Sprung in unserer Mutter-Tochter-Beziehung bewirkt, für den ich sehr dankbar bin. Denn darauf aufbauend konnte ich auch in meinem Selbstheilungs-Prozess einiges in die richtige Richtung bewegen.

Ich empfehle Ihnen jedenfalls, dieses Gespräch nicht nur im „Dialog der Hände" auf Seelen-Ebene zu bahnen, sondern es auch in Ihrer Vorstellung immer wieder durchzuspielen. Und zwar in allen möglichen Varianten, die Ihnen in den Sinn kommen. Ja, sehen Sie sich auch die Worst Case Szenarien an, damit Sie gegebenenfalls darauf vorbereitet sind, wenn Ihre Mutter Ihnen mit Vorwürfen, verbalen Angriffen und anderen unguten Reaktionen entgegnet.

Wenn Sie sich in sie hineinversetzen, werden Sie vermutlich Verständnis finden, denn sie hat sich in ihrer Rolle wahrscheinlich auch nicht wohl gefühlt. Meinem Gefühl nach hat jede Mutter einen ursprünglich gesunden Mutterreflex, aus dem sie ihrem Kind bedingungslose Liebe schenken möchte. Wenn ihr das – warum auch immer – nicht gelingt, fühlt sich das sicher nicht gut an.

Und möglicherweise ist Ihre Mutter ja auch eine Alleingeborene – umso leichter mögen Sie sich tun, ihr Verständnis zu schenken.

Verständnis finden mit „Ho´oponopono"

Wenn Ihre Mutter sich auch dann angegriffen fühlt und überreagiert, obwohl Sie ihr ruhig, vernünftig und wertschätzend entgegenkommen – die Botschaft entsteht bekanntlich beim Empfänger –, dann scheint mir das eine gute Gelegenheit zu sein, „Ho´oponopono" zu spielen.

Wer weiß, vielleicht hat auch Ihre Mutter Ihnen gegenüber Schuldgefühle, weil sie ihrer Mutterrolle nicht so nachkommen konnte, wie sie sich das gewünscht hätte. Und solche Schuldgefühle können dann, wenn sie sich angegriffen fühlt, leicht explodieren.

Wenn das passiert, empfehle ich Ihnen dieses hawaiianische Vergebungsritual, das ich in der „doppelten Verständnistechnik" – der Adaptation an westliches Denken von Bärbel Mohr – besonders hilfreich finde.

Im ursprünglichen „Ho'oponopono" geht es darum, Ihren Anteil an all dem, was Sie in der Welt stört, zu heilen – mit vier Sätzen, die Sie so lange wiederholen, bis Sie in sich Frieden finden:
„Es tut mir leid", „Ich vergebe mir", „Ich liebe mich", „Danke".

Allerdings bin ich, wie bereits erwähnt, mit dem Konzept der Vergebung nicht so glücklich. Da dieses Ritual aber weltweit von vielen Menschen zelebriert wird, gibt es mittlerweile ein starkes morphogenetisches Feld dazu, von dem Sie profitieren können, wenn Sie sich einklinken. Ich persönlich verwende diese vier Sätze zwar, interpretiere jedoch den zweiten in meiner Version der Aussöhnung.

Fühlen Sie einfach, was sich für Sie richtig und hilfreich anfühlt!

In der „doppelten Verständnistechnik" geht es darum, uns zuerst in die andere Person hineinzuversetzen und uns zu fragen, warum wir, wären wir an deren Stelle, so handeln würden oder gehandelt hätten.

Ein Beispiel mag Ihnen zur Verdeutlichung dienen:
„Wäre ich meine Mutter gewesen und hätte eines meiner Kinder (oder mehrere) während der frühen Schwangerschaft verloren, ohne mir dessen wirklich bewusst zu sein (es aber dennoch unbewusst wahrnehmend), warum hätte ich dann meinem Kind gegenüber so abwesend, zurückweisend, distanziert und kühl reagiert?"

Wenn Sie sich nun in Ihre Mutter hineinversetzen, könnte es durchaus sein, dass Sie Verständnis für ihre Reaktion gewinnen; ohne diese unbedingt gut zu heißen. Darum geht es nicht. Sondern es geht einzig und allein um Verständnis – aus dem Sie leichter Nachsicht finden.

Eventuell können Sie hier auch Ihre linke Hand nach Ihren Einsichten befragen – diese werden vermutlich wertvoll sein und Ihren Horizont erweitern.

Und im zweiten Schritt geht es darum, uns in uns selbst hineinzuversetzen und uns zu fragen, warum wir eine solche Reaktion angezogen haben.

„Warum habe ich eine Mutter angezogen – mich also bei ihr inkarniert –, die mir nicht die Mutter sein konnte, die ich mir gewünscht hätte?"

Bei dieser Antwort würde ich Ihnen jedenfalls empfehlen, beide Händen miteinzubeziehen, denn Ihre linke Hand wird Ihnen garantiert eine ego-freiere Version anbieten als Ihre rechte; die ja mit Ihrer linken Gehirnhälfte verbunden ist, die – wie bereits erwähnt – die Dinge um vieles subjektiver beurteilt.

Erinnern Sie sich an den Hinweis meiner Seele, sie hätte, ehe ich mich bei dieser Mutter inkarniert habe, die Absicht gesetzt, ich möge meine Mutterrolle aus eigener Kraft entwickeln, ohne dafür ein ideales Vorbild zu haben.

Diese Einsicht hat mir ein höchst wertvolles Aha-Erlebnis geschenkt.

Ich weiß natürlich nicht, ob diese Technik auch Sie anspricht – für mich erweist sie sich immer wieder als wertvoll. Vor allem wohl, weil für mich Verstehen so wichtig ist, um Verständnis zu entwickeln. Und zwar sowohl für andere, als auch für mich selbst.

Spielen Sie mit dieser Technik und fühlen Sie die Erleichterung, die sie Ihnen meist bringt – und söhnen Sie sich mit deren Hilfe sowohl mit Ihrer Mutter als auch mit sich selbst aus!

Masken und Rollenspiele

Wir alle spielen ständig unterschiedliche Rollen – je nachdem, mit wem wir es gerade zu tun haben.

Ist es Ihnen schon einmal aufgefallen, dass Sie Ihrem Du gegenüber anders reagieren als Ihrem Vorgesetzten?
Dass Sie Ihrem Vater gegenüber anders reagieren als gegenüber Ihrer Tochter?
Dass Sie Ihrem besten Freund gegenüber anders reagieren als gegenüber Ihrer Mutter?
Dass Sie Ihrer Kollegin gegenüber anders reagieren als gegenüber Ihrem Sohn?
Und so fort…

Vielleicht wollen Sie sich in einem ruhigen Augenblick die folgenden Fragen stellen:

Welche Masken trage ich meiner Mutter gegenüber?
Kann ich ihr mein wahres Gesicht zeigen oder nicht?
Kennt sie mein wahres Gesicht und mein wahres Wesen?
Was glaube ich, sagen oder tun zu müssen, um von ihr akzeptiert zu werden?
Gebe ich mich optimistischer und positiver, als ich im Grunde bin, um meine tiefsitzenden Ängste vor ihr zu verbergen?
Gebe ich mich sanfter und liebenswerter, als ich im Grunde bin, um ihr gegenüber meine Wut zu kaschieren?
Gebe ich mich lustiger, als ich im Grunde bin, um ihr gegenüber meine Depression zu überdecken?
Gebe ich mich selbstständiger, als ich im Grunde bin, um ihr gegenüber meine Einsamkeit zu überdecken?
Gebe ich mich schwächer und hilfloser, als ich im Grunde bin, um sie nicht mit meiner Stärke zu erschrecken?
Gebe ich mich dümmer und einfältiger, als ich bin, um ihr nicht das Gefühl zu vermitteln, ich sei ihr überlegen?
Gebe ich mich interessierter, als ich in Wahrheit bin, um ihr nicht das Gefühl der Zurückweisung zu geben?
Gebe ich mich Kultur beflissener, als ich in Wahrheit bin, um ihr gegenüber nicht als indolent zu gelten?
Gebe ich mich aufmerksamer und fürsorglicher, als ich eigentlich sein möchte, um in ihren Augen nicht als egoistisch dazustehen?

Sage ich viel zu oft „ja", wiewohl ich „nein" meine, um ihre Gunst nicht zu verlieren?
Bin ich all das wirklich, oder sind es Rollen, die ich vor ihr – und vielleicht auch vor mir selbst – spiele?

Aber auch die folgenden Fragen könnten interessant sein:

Welche Masken trägt meine Mutter mir gegenüber?
Kann sie mir ihr wahres Gesicht zeigen oder nicht?
Kenne ich ihr wahres Gesicht und ihr wahres Wesen?
Was glaubt sie, sagen oder tun zu müssen, um von mir akzeptiert zu werden?
Gibt sie sich optimistischer und positiver, als sie im Grunde ist, um ihre tiefsitzenden Ängste vor mir zu verbergen?
Gibt sie sich sanfter und liebenswerter, als sie im Grunde ist, um ihre Wut vor mir zu kaschieren?
Gibt sie sich lustiger, als sie im Grunde ist, um mir gegenüber ihre Depression zu überdecken?
Gibt sie sich selbstständiger, als sie im Grunde ist, um mir gegenüber ihre Einsamkeit zu überdecken?
Gibt sie sich schwächer und hilfloser, als sie im Grunde ist, um mich nicht mit ihrer Stärke zu erschrecken?
Gibt sie sich dümmer und einfältiger, als sie ist, um mir nicht das Gefühl zu vermitteln, sie sei mir überlegen?
Gibt sie sich interessierter, als sie in Wahrheit ist, um mir nicht das Gefühl der Zurückweisung zu geben?
Gibt sie sich Kultur beflissener, als sie in Wahrheit ist, um mir gegenüber nicht als indolent zu gelten?
Gibt sie sich aufmerksamer und fürsorglicher, als sie eigentlich sein möchte, um in meinen Augen nicht als egoistisch dazustehen?
Sagt sie viel zu oft „ja", wiewohl sie „nein" meint, um meine Gunst nicht zu verlieren?
Ist sie all das wirklich, oder sind es Rollen, die sie vor mir – und vielleicht auch vor sich selbst – spielt?

Aus meiner Sicht ist nichts dagegen einzuwenden, Masken zu tragen und Rollen zu spielen; so lange Sie sich ihrer bewusst sind und nicht selbst daran glauben. Wenn Sie sich dabei stets klar sind, wer wirklich dahintersteckt und wer Sie in Wahrheit sind, dann können Sie das als durchaus anregendes, kreatives Spiel sehen.

Halten Sie daher immer wieder inne und fragen Sie sich, welche Rolle Sie gerade wieder spielen. Zumindest vor sich selbst sollten Sie sich meiner Ansicht nach nicht hinter einer Maske verstecken, sondern sich möglichst offen und ehrlich – und dabei liebevoll ☺! – entgegentreten.

Meinen Sie nicht auch, dass Sie sich selbst in ehrlicher Nacktheit zeigen sollten?

Ab dem Augenblick, wo Sie den Entschluss fassen, zu sich zu stehen und sich – zuerst sich selbst gegenüber – nackt zu zeigen, werden sich auch die Reaktionen Ihrer Mutter verändern. Wenn Sie sich selbst nicht mehr wehtun, wird auch Ihre Mutter es nicht mehr so leicht tun. Wenn Sie sich selbst nicht mehr zurücksetzen, wird auch Ihre Mutter es nicht mehr tun. Wenn Sie sich selbst lieben, achten und wertschätzen, wird – vermutlich nach einer gewissen Latenzzeit – auch Ihre Mutter es tun. Aber anfangen müssen Sie immer selbst.

Aber ich meine, es zahlt sich aus, sich für sich selbst zu erwärmen – gerade auch in Ihrer hochsensiblen, hochsensitiven, empathischen, kreativen und vielseitigen Liebenswürdigkeit; in Ihrem intensiven Einsatz für andere und Ihrem stets hohen Anspruch an sich selbst; in Ihrem Idealismus, Ihrer Fürsorglichkeit und besonderen Fähigkeit zum Zuhören; in Ihrer Bereitschaft, jederzeit zu helfen, zu beschützen und zu lieben.

Hören Sie auf, sich für sich selbst zu entschuldigen! Auch wenn die Reaktionen Ihrer Mutter Sie immer wieder dazu verleiten.

Lernen Sie, sich selbst zu lieben und sich all das zu geben, was Ihre Mutter Ihnen nicht geben konnte!

Selbstliebesmeditation

Sehen Sie eine Person vor Ihrem geistigen Auge, die zu lieben Ihnen ganz leichtfällt, bei der Ihnen richtig das Herz aufgeht; und erlauben Sie Ihrer Liebe, leicht und frei ins Fließen zu kommen!
Lassen Sie Ihre Liebe ganz intensiv werden und fühlen Sie, wie sie – ähnlich dem Duft aus einer weit geöffneten Blüte – aus Ihrem Herzen strömt; nicht nur nach außen, sondern spüren Sie, wie Ihre Liebe auch Sie selbst bis in die äußersten Winkel Ihres Seins erfüllt!
Wenn Sie das Gefühl haben, nur mehr Liebe zu sein, nichts als Liebe – dann holen Sie sich selbst vor Ihr geistiges Auge und schenken Sie sich selbst all Ihre Liebe – soweit dies im Augenblick möglich ist!
Wenn es Ihnen in der erwachsenen Form nicht möglich ist, dann vergegenwärtigen Sie sich Ihr inneres Kind und schenken Sie Sich Ihre Liebe in dieser Form!

Fühlen Sie Ihre Liebe! Genießen Sie sie in beiden Phasen: der Phase des Ausströmens, dem Liebe Schenken, und der Phase des Einströmens, dem Liebe Annehmen!
„Ich liebe mich und ich nehme diese Liebe an!"
Lieben Sie sich selbst und empfangen Sie Ihre Liebe!
Und vielleicht haben Sie Lust, sich an dieser Stelle zu versprechen, sich von nun an täglich Ihre Selbstliebe zu schenken – zumindest für einige Augenblicke…

Und wann immer Sie sich in Ihrem „Nein zu mir" ertappen, machen Sie sich deshalb keine Vorwürfe, sondern freuen Sie sich über die Tatsache, dass Sie diesen Rückfall erkannt haben! Und schenken Sie sich dafür Ihre Liebe!

Wenn Sie sich das ernsthaft vornehmen, werden Sie rasch wieder in Ihr „Ja zu mir" zurückfinden, wenn Sie herausgefallen sind. Und je öfter Ihnen dies gelingt, umso fester verankert sich dieser Wandel in Ihren Hirnbahnen; und umso stärker prägt er Ihr Energiefeld.

Auf diese Weise kann ein „Nein zu mir", das Sie erkennen, sogar eine willkommene Erinnerung an Ihre Selbstliebe sein ☺; so können Sie auch das auf den ersten Blick Negative für eine positive Umwandlung nützen.

Wann immer Sie sich über Ihre Mutter ärgern, sich vor ihren Reaktionen fürchten, wenn etwas, das sie tut oder nicht tut Sie enttäuscht, traurig oder wütend macht, nützen Sie dies als willkommene Chance, möglichst rasch wieder in Ihr „Ja zu mir" zurückzukehren.

Fatal ist es nicht, sich von Ihrer Mutter aus Ihrer Selbstliebe katapultieren zu lassen und in Ihrem „Nein zu mir" zu landen. Und ich vermute, es wird Ihnen auch weiterhin immer wieder passieren; auch wenn Sie noch so bewusst leben und aufmerksam auf Ihre Gestimmtheit achten. Fatal ist es, darin zu schmoren und sich deshalb dann auch noch Vorwürfe zu machen und sich dafür abzulehnen.

Schenken Sie sich daher all die Nachsicht, Geduld, Fürsorge und vor allem Liebe, von der Sie als Kind zu wenig bekommen haben!

Vielleicht kennen Sie diese Worte:
„Hinfallen. Aufstehen. Krone richten. Weitergehen."

Es gibt immer zwei Möglichkeiten!

Zum Abschluss möchte ich Sie noch an ein Konzept erinnern, das ich im 2. Band dieser Reihe bereits eingehend behandelt habe: „es gibt immer zwei Möglichkeiten". Denn natürlich wird es auch in die Beziehung zu Ihrer Mutter mit herein spielen.

Was auch immer Ihre Mutter tut oder nicht tut (getan oder nicht getan hat), es löst in Ihnen eine Reaktion aus: entweder Sie mögen es oder auch nicht. In meinem Wortgebrauch befinden Sie sich also im annehmenden Ja oder im abwehrenden Nein dazu.

Sie freuen sich darüber, mögen es, sind dankbar dafür, es macht Sie glücklich oder auch stolz, Sie können es lieben, anerkennen, bewundern oder anders mit einem: „Ja, das ist gut so, wie es ist" darauf reagieren. Am anderen Ende der Skala können Sie es fürchten, bezweifeln, ärgerlich, abstoßend oder enttäuschend finden, nicht mögen, verachten oder es in einer anderen Form des „Nein, das will ich nicht!" abwehren.

Wenn etwas an Ihrer Mutter nach Ihrem Geschmack ist, haben Sie wieder zwei Möglichkeiten: Sie können es einfach nicht wahrnehmen und damit das potenzielle Endorphin-Angebot versäumen. Und leider tun wir HSP dies aufgrund unserer extremen Stressanfälligkeit leider allzu oft; einfach, weil unser Überlebenszentrum nicht die Priorität hat, nach Positivem Ausschau zu halten (was für den Höhlenmenschen leicht fatal geendet hätte).

Aber die Verhältnisse haben sich geändert. Heute ist es höchst sinnvoll, uns Glückshormone zu holen, weil erst diese uns in den Vollbesitz unserer geistigen Fähigkeiten versetzen. Außerdem erleichtern sie uns den Zugang zu unserem „Ja zu mir" – und darum geht es ja vor allem.

Und sagen Sie bitte nicht, es gäbe absolut nichts, was Sie an Ihrer Mutter als positiv bewerten können! Bei entsprechender selektiver Wahrnehmung werden Sie garantiert so etwas finden. Und wenn Sie sich schwertun, dann fragen Sie andere Menschen, die sich nicht so von dieser Frau traumatisiert fühlen, was diese an ihr mögen und wertschätzen!

Was von all dem, was meine Mutter tut, finde ich gut?

Was von all dem, was meine Mutter nicht tut, finde ich gut?
Was könnte ich an ihr wertschätzen?
Was könnte ich an ihr bewundern?
Wofür könnte ich ihr dankbar sein?
Was könnte ich achten?
Woran könnte ich mich – in ihrer Gegenwart – freuen?

Aber wer weiß, vielleicht nehmen Sie ohnehin schon das eine oder andere Erfreuliche, Beglückende, Dankenswerte, Ihnen Glückshormone Schenkende an Ihrer Mutter wertschätzend wahr.

Dann sollten Sie sich auch diese Tatsache bewusst machen; denn damit nützen Sie wieder eine Gelegenheit, sich Glückshormone zu holen; und damit Ihren Stress zu mindern.

Aber auch bei all dem, was an Ihrer Mutter nicht nach Ihrem Geschmack ist, haben Sie zwei Möglichkeiten: entweder Sie können es ändern oder aber Sie haben keinen Einfluss darauf.

Sie kennen vermutlich das Gebet von Franz von Assisi, das auch in das 12 Schritte Programm der Anonymen Alkoholiker Eingang gefunden hat:

Gott gebe mir die heitere Gelassenheit,
Dinge anzunehmen, die ich nicht ändern kann,
den Mut, zu ändern, was ich ändern kann,
und die Weisheit, das Eine vom Anderen zu unterscheiten!

Und prinzipiell empfehle ich Ihnen, all das, womit Sie nicht einverstanden sind, worauf Sie aber Einfluss haben, möglichst rasch und konsequent zu ändern. Und sich dann auch bewusst dafür wertzuschätzen; denn gerade als alleingeborene HSP scheint mir das nicht selbstverständlich zu sein. Wenn wir etwas geschafft oder gemeistert haben, nehmen wir das leider allzu selbstverständlich.

Allerdings scheint es mir kaum möglich zu sein, eine andere Person – und schon gar nicht Ihre Mutter – zu ändern. Und wenn, dann am ehesten, indem Sie sich selbst ändern. Ganz im Sinne des „wie man in den Wald hineinruft, so tönt es zurück". Und sich selbst können Sie jederzeit ändern; wenn auch nicht immer ganz einfach.

Es fragt sich also, wie Sie am besten mit dem nicht Beglückenden an Ihrer Mutter umgehen. Auch da bieten sich Ihnen wieder zwei Möglichkeiten – eine konstruktive und eine destruktive. Sie können zu dem, was Sie an Ihrer Mutter nicht ändern können, Ihre Einstellung ändern; oder aber Sie bleiben im hilflosen Opfermodus.

Ihre Einstellung Ihrer Mutter gegenüber können Sie dank „The Work", „Ho´oponopono" und dem „Dialog der Hände" verändern.

Oder auch mit folgenden Fragen:
Hat meine Mutter das, was mich so verletzt hat, wirklich so gemeint?
Warum hätte ich an ihrer Stelle so reagiert und gehandelt?
Wie würde ich diese Situation in einem Jahr einschätzen – wäre sie dann immer noch so stressig?
Was kann ich aus dieser Situation lernen, auch wenn sie mir im Moment Stress verursacht?
Was würde ich einer anderen Person empfehlen, die in dieser Situation ist und mich um Rat fragt?
Wie würde ich, wäre ich ein Wesen von einem anderen Stern, diese Situation beurteilen?

Diese Fragen bringen auch eine Spur des aus meiner Sicht so wesentlichen Humors mit herein.

Und selbst wenn es Ihnen im Augenblick nicht gelingt, Ihre Einstellung Ihrer Mutter gegenüber zu ändern – es gibt Situationen, in denen dies tatsächlich sehr anspruchsvoll ist –, dann sind Sie ihrem Tun und Lassen dennoch nicht hilflos ausgeliefert. Dann können Sie immerhin Ihre Aufmerksamkeit auf Erfreulicheres umlenken. Erfreulicheres im Zusammenhang mit Ihrer Mutter oder in irgendeinem anderen Bereich Ihres Lebens.

Nützen Sie diese Fähigkeiten, um auch in nicht besonders angenehmen Situationen in Ihr Ja zu kommen! Dann haben Sie zukünftig weit weniger Stress; und zugleich Ihr „Ja zu mir" leichter zugänglich.

Natürlich braucht dies einiges an Bewusstheit und Disziplin; nicht zuletzt aufgrund Ihrer besonderen Stressanfälligkeit als HSP. Denn mit dieser Anlage schütten Sie rascher Stresshormone aus und bauen diese langsamer ab. Dennoch ist es auch Ihnen möglich, mehr und mehr in Ihrem „Ja zu mir" daheim zu sein – auch im Zusammenhang mit Ihrer Mutter.

Viktor Frankl, der die Hölle eines Konzentrationslagers überlebt hat, war überzeugt:
„Alles kann man einem Menschen nehmen, außer seine letzte Freiheit: in jeder Situation seine Einstellung zu wählen!"

Und um sich zu motivieren, können Sie überlegen, in welchen Belangen es Ihnen bereits gelungen ist, Ihre Einstellung zu ändern und das Unveränderliche, was Ihnen zuerst ganz und gar nicht gefallen hat, dennoch aus einer neuen, konstruktiveren Perspektive zu sehen; also in Ihr Ja dazu zu finden.

Fragen Sie sich:

Zu welchen traumatischen Erlebnissen – allgemein und im Zusammenhang mit meiner Mutter – konnte ich mir eine neue, lebensbejahendere Einstellung aneignen?
Welche auf meine Mutter zurückzuführenden Versäumnisse konnte ich mit einem Ja annehmen – einfach, weil ich sie ohnehin nicht ändern kann?
Welches Scheitern aufgrund meiner Anlage als alleingeborene HSP kann ich heute als wertvolle Erfahrung sehen und wertschätzen?
Ist es mir gelungen, meiner Mutter gegenüber in irgendeinem Bezug eine gesündere Einstellung einzunehmen, auch wenn sie mir das Leben nicht gerade einfach gemacht hat / macht?

Jedenfalls werden Sie weit öfter in Ihrem Ja und in Ihrem „Ja zu mir" schwingen, wenn Sie es tatsächlich schaffen, das Ungute, das Sie ändern können, zu ändern; zu dem, was Sie nicht ändern können, eine neue Einstellung zu gewinnen oder ihm einfach Ihre Aufmerksamkeit zu entziehen.

Im Talmud steht:
„Wir sehen die Dinge nicht, wie sie sind, sondern wir sehen sie, wie wir sind!"

Das ist prinzipiell richtig, aber unter Stress oft nicht leicht umzusetzen. Daher sollten Sie immer wieder überprüfen, ob Sie gerade unter Stress stehen; und wenn ja, dann möglichst rasch Ihr Homo Sapiens Sapiens Gehirn einschalten, um sich aus Ihrer stressbedingten Einschränkung auf den Höhlenmenschen-Modus zu befreien.

Wie gefällt Ihnen folgender Gedanke von Albert Schweizer?
„Die größte Entscheidung deines Lebens liegt darin, dass du dein Leben ändern kannst, indem du deine Geisteshaltung änderst!"

Nachwort

Wir sind nun am Ende unserer gemeinsamen Reise angelangt und ich hoffe sehr, dass ich Ihnen in diesem Buch die eine oder andere Anregung geben konnte, die Ihnen hilft, die gespannte, belastende, anspruchsvolle und traumatische Beziehung zwischen Ihrer Mutter und Ihnen harmonischer zu gestalten; ja vielleicht sogar zu heilen.

Meiner Ansicht nach ist es müßig, die Schuld für das nicht klaglose Funktionieren einer Beziehung (welcher Art auch immer) zuzuteilen, Urteile zu fällen oder auch Bewertungen abzugeben. Damit lässt sich keine einzige Beziehung in die Heilung bringen.

Mir scheint es viel wichtiger zu sein, die – oft unbewusst bleibenden – Beweggründe hinter den Handlungen und Reaktionen aller Beteiligten zu verstehen. Gelingt Ihnen dies bei Ihrer Mutter, dann haben Sie schon einen großen Schritt in Richtung Befriedung geschafft; einfach, weil es Ihnen dann leichter fällt, Verständnis zu finden.

Und meiner Erfahrung nach bringt Verständnis immer eine wohltuende Entspannung ins Spiel – sowohl mir selbst gegenüber, als auch meiner Mutter und anderen gegenüber.

Als mir – nach meiner großen Offenbarung, ich sei eine Alleingeborene – klar wurde, warum mein bis dahin doch schon recht langes Leben so teilweise absurd und holprig verlaufen ist; und warum ich praktisch ständig mit angezogener Handbremse und Vollgas unterwegs war, kam ein tiefer Friede über mich. Und ich begann, mich für all das, was ich all den Widerständen zum Trotz letztlich doch geschafft habe, wertzuschätzen; ja teilweise sogar zu bewundern; jedenfalls aber zu achten.

Und im nächsten Schritt wurde mir klar, warum meine Mutter so agiert hat und mit mir umgegangen ist – einfach, weil ich ihre Reaktionen aus der neuen Perspektive verstehen konnte. Damit wurde der Schmerz all der Wunden nicht unbedingt kleiner, aber ich konnte besser damit umgehen; und ihr anders entgegentreten.

Vielleicht kennen Sie das aus eigener Erfahrung: ein Arzt muss Ihnen auf dem Weg zur Heilung weh tun – sei es, dass er eine Wunde nähen oder Ihnen einen eitrig gewordenen Zahn ziehen muss. Das sind schmerzhafte Eingriffe, die aber letztlich hilfreich sind.

Und so merkwürdig das vielleicht auf den ersten Blick für Sie wirken mag – ich bin heute auch auf Ego-Ebene der Ansicht, dass meine Seele eine kluge Wahl getroffen hat, als sie diese Mutter für mich gewählt hat. Einerseits weil ich sie natürlich trotz all dem, was passiert ist, von Herzen liebe; andererseits, weil ihr Handeln und ihre Reaktionen mich nicht nur gefordert, sondern auch gefördert haben.

Wäre mein Leben leichter, entspannter und schmerzärmer gewesen, hätte ich nicht all die Erfahrungen gemacht, die mich zu dem Menschen gemacht haben, der ich heute bin. Und ich fühle mich in meinem So-Sein richtig und wohl.

Zugegeben, früher hätte ich mir schwergetan, so zu denken – bei meiner aktuellen Milde mag schon die „Weisheit des Alters" mitspielen, obwohl ich mich oft ganz und gar nicht „weise" fühle ☺. Vor allem aber hat mir all das, was ich Ihnen in diesem Buch angeboten habe, nachhaltig geholfen – und wird es auch Ihnen, wenn Sie es zumindest teilweise umsetzen.

Ich wünsche Ihnen nachhaltige Heilung – sowohl Ihrer Mutter-Beziehung als auch Ihres inneren Kindes.

Und wenn Sie selbst Mutter sind, dann denken Sie bei all dem, was Sie im Zusammenhang mit Ihrer Beziehung zu Ihrer Mutter erkannt und verstanden haben, auch an Ihr eigenes Kind, Ihre Kinder!

Mir war in der Zeit, wo ich dieses Buch geschrieben habe, meine Tochter – und damit meine Mutter-Rolle – ebenso präsent wie meine Mutter – und damit meine Tochter-Rolle.

Allerdings habe ich mich immer schon gefragt, ob meine Tochter mich so empfindet wie ich meine Mutter. Und als sie mir eines Tages versichert hat, dass sie mich lieber als Mutter hat als ihre Großmutter, war dies einer der beglückendsten Momente meines Lebens. Er hat mir gezeigt – zumindest habe ich es so interpretiert –, dass mein Bemühen, als Mutter liebevoller, wertschätzender und förderlicher zu reagieren, zumindest bis zu einem gewissen Grad fruchtbar war.

Und dafür bin ich ebenso dankbar wie für all die Herausforderungen, die ich als Tochter meistern durfte.

Kontakt zur Autorin

Dr. Michelle HAINTZ

dr.michelle.haintz@aon.at

www.michellehaintz.at

Als ursprünglich ausgebildete Ärztin ist die Autorin heute vorwiegend als Schriftstellerin und bildende Künstlerin tätig: sie schreibt Romane, Sachbücher und Gedichte; im Frühjahr 2014 erschien ihr erstes Kartendeck. Darüber hinaus kreiert sie Reliefbilder und Wandobjekte in der neuen und von ihr selbst entwickelten Laminage-Technik.
Weiters ist sie Trainerin in der Persönlichkeits-Bildung: in Seminaren, Gruppen und in der Einzelberatung. Schwerpunkt in ihrer Arbeit ist für sie immer die freudige und lustvolle Entfaltung des in uns allen angelegten menschlichen Potenzials auf allen Ebenen unseres Seins!
Wichtigstes Credo ist ihr: „Wir brauchen nicht über uns selbst hinaus zu wachsen, wir sind groß genug – wenn wir damit aufhören, uns selbst kleiner zu machen, als wir sind; aber auch anderen nicht mehr erlauben, uns klein zu machen! Es gilt also letztlich, unsere wahre Größe einzunehmen, indem wir in uns selbst hineinwachsen!"

Weitere Produkte der Autorin:

Bücher als Ratgeber

Alleingeborener Zwilling
Hochsensibilität im neuen Licht – Selbstheilung in Liebe
dank der Sternenkinder jenseits der Regenbogenbrücke

IN LIEBE SEIN
Die LIEBE in mir als Heilmittel, Lösung, Antwort und Weg

Hochsensibel das Leben meistern Band 1
Alleingeborener Zwilling in Liebe und Partnerschaft

Hochsensibel das Leben meistern Band 2
Alleingeborener Zwilling in Fülle und Wohlstand

Hochsensibel das Leben meistern Band 3
Alleingeborener Zwilling in Glück und Freude

Hochsensibel das Leben meistern Band 4
Alleingeborener Zwilling frei von Stress

Hochsensibel das Leben meistern Band 5
Alleingeborener Zwilling – Heilung im „Dialog der Hände"

HSP – bin ich hochsensibel? Hochsensibilität im neuen Licht

**Hochsensibel das Leben meistern und authentisch „nein"
sagen lernen** Band 1: Als HSP leben und sich selbst akzeptieren
und das Selbstbewusstsein stärken

**Hochsensibel das Leben meistern und sicher Entscheidungen
treffen** Band 2: Als HSP leben und statt ich kann mich nicht entscheiden, endlich authentisch in Entscheidungen

**Hochsensibel das Leben meistern und die Leichtigkeit im
Loslassen** Band 4: Als HSP leben mit Verantwortung + Vertrauen
+ Verzeihen = Loslassen

Seelen jenseits der Regenbogenbrücke
Sterben ins Glück – aus der Demenz in das Leben nach dem Tod

Selbstwertgefühl heilen
für alleingeborene Zwillinge und Hochsensible
Wohlstand und Wohlbefinden mit der Kraft der Quanten-Welle

Die Seele und ihre Botschaften verstehen
Erfülltes Leben in Seelen-Resonanz

Selbstsabotage adieu! Emotionale Intelligenz in Seelen-Resonanz

Müdigkeit? Erschöpfung? Burnout? Nein danke!
Selbstheilung in Seelen-Resonanz

Lebensfreude und Glückseligkeit Selbstheilung in Seelen-Resonanz

Wach-Laufen – Bewusstes Laufen für Körper, Geist und Seele

Körper-Briefe - Dialog mit unserem Körper im Links-Schreiben

Quanten-Bewusstheit / Selbst-Befreiung durch die Kraft der Welle: Lösung aus der Selbstsabotage

Masken – unsere wahren Gesichter?
Masken-Spiele zur Persönlichkeits-Entwicklung

E-Books von allen Büchern und:

Das AFFRAGEN ORAKEL - Buch:
Prozessorientierte Fragen als Lebensbegleiter

TERESA Gemeinsam wachsen in Licht und Liebe: Band 1 und 2

Romane als Ratgeber

JA zur LIEBE, JA zum HIER und JETZT
Blockaden lösen dank der Inneren Stimme

Auf Zeitlinien surfen ... um die ideale Zukunft zu finden

Kartendeck:

Michelles AFFRAGEN ORAKEL: Prozessorientierte Fragen zur Bewusstseinserweiterung und Persönlichkeitsentwicklung